ANKOMMEN!

So lernen Menschen aus aller Welt richtig Deutsch!

BAND 1: Wortschatz A1/A2
Deutsch als Fremdsprache
von Elke Günzel

ANKOMMEN!
Band 1: Wortschatz A1/A2
Deutsch als Fremdsprache
von Elke Günzel

Begleitband zum Lehrbuch A1/A2
Band 1 von 3 Bänden.
Als Begleitmaterial ist außerdem erhältlich: Übungsbuch und Grammatik ein- und zweisprachig, sowie ein Lehrbegleitbuch.

ISBN 9 - 789 403 - 623 672

Vollständige Überarbeitung des Lehrwerks „Ankommen in Deutschland", Elke Günzel
Copyright 1997 Verlag für Deutsch,
Copyright 2001 im Hueber Verlag.

Der Teilband „Wortschatz" war in der alten Ausgabe in die Kapitel des Arbeitsbuchs integriert. Nun erscheint der Wortschatz völlig neu und farbig gestaltet als Einzelband zum Lernen mit einem Index am Ende des Buches zum Nachschlagen. Die zweisprachige Editionen in unterschiedlichen Sprachen sind Neuerscheinungen.

Umschlaggestaltung: Arthur Otte

Inhaltsverzeichnis

Hinweis zum richtigen Lernen der Wörter:

1. Nomen

Lernen Sie Nomen immer mit den Artikeln „der", „die", „das".
Die Nomen sind immer farbig markiert!

hellblau = der rosa = die grau = das

2. Verben:

Im 1. Band lernen Sie in den Kapitel 1 und 2 alle starken/unregelmäßigen Verben im Präsens kennen, die es gibt. Lernen Sie immer die 2. und 3. Person (du / er, sie es) dazu.

Bei den trennbaren Verben steht immer die trennbare Form dabei. Lernen Sie diese immer mit. Beispiel: auswählen / wählt aus.

Das Audiomaterial

Kostenlose Audiodateien gibt es unter:

ankommen.elkeguenzel.de/dl

Kapitel 1 Kennen lernen

Abschnitt 1 Im Sprachkurs / Auf der Straße

Hören 1		Personalpronomen
Im Gespräch		
Sie	Was machen ... Herr Jonosa?	
ich	... gehe in den Sprachkurs	
du	Was machst ... im Kindergarten?	
Sie	Was machen ... Herr Jonosa und Frau Jonosa, im Sprachkurs?	
wir	... sprechen Deutsch.	
ihr	Was macht ..., Fate und Bimata, im Kindergarten?	
Über Menschen sprechen		
er	Herr Jonosa kommt aus Afrika. ... ist Arzt.	
sie	Frau Jonosa ist seine Frau. ... ist Lehrerin.	
es	Das Auto ist teuer. ... ist neu.	
sie	Herr und Frau Jonosa sind hier. ... sind im Sprachkurs.	
Hören 2		**Verben**
sein	Ich ... Arzt. Sie ... fünf Jahre alt. Wir ... im Sprachkurs.	
haben	Ich ... ein Auto. Sie ... ein Kind. Wir ... Hunger.	
fragen	Ich ... die Lehrerin. Er ... die Lehrerin.	
verstehen	... Sie Deutsch? - Ja, ich ... ein bisschen.	
hören	Familie Jonosa ... Musik. Wir ... eine CD.	
machen	Ich frage das Kind: Was ... du im Kindergarten?	
gehen	Was machen Sie? - Ich ... in den Sprachkurs.	
kommen	Woher .... Herr Jonosa? - Er ... aus Burkina Faso.	
wohnen	Wo ... Herr Jonosa, - Er ... in Deutschland.	
bringen	Er ... sein Kind in den Kindergarten.	
bekommen	Bimata ... ein Eis	
wünschen	Ich ... Frau Jonosa einen schönen Tag.	
heißen	Wie ... du? - Ich ... Fate. Wie ... Sie? - Ich ...	
antworten	Sie fragt, ich .... und er ... . Wir	
sprechen	Ich ... Arabisch und er ... Englisch. Wir ... Deutsch.	
lesen	Du ... ein Buch. Frau Maier und Frau Müller ... ein Buch.	
sehen	Was ... du auf der Straße? Ich ... Frau Jonosa.	
(sich) vorstellen	Wie heißen Sie? - Bitte, ... Sie *sich*	
lernen	Wir ... im Sprachkurs Deutsch.	
holen	Frau Jonosa ... ihre Kinder vom Kindergarten.	

Hören 3		Nomen
der Sprachkurs, -e	Der ... ist in der Schule. Fünf ... sind in der Schule.	
der Lehrer, -	Der ... spricht Deutsch. Die zwei Lehrer sprechen Deutsch	
die Lehrerin, -in-nen	Die ... fragt Frau Jonosa. Die zwei Lehrerinnen fragen.	
der Name, -n	Wie heißen Sie? Mein ... ist Maier. Die zwei Namen.	
der Vorname, -n	Der ... ist Lena.	
der Nachname, -n	Der ... ist Maier.	
der Mann, ä-er	Das ist der ... von Frau Maier. Das sind die Männer.	
der Herr, - en	Das ist ... Jonosa. Das sind die Herren Jonosa und Maier.	
die Frau, -en	Das ist die ... von Herrn Jonosa. Das sind die Frauen.	
das Kind, -er	Bimata ist das ... von Herrn und Frau Jonosa. Sie haben 3 Kinder.	
der Sohn, -ö-e	Max ist der ... von Frau Müller. Frau M. hat 3 Söhne.	
die Tochter, -ö-	Lena ist die ... von Frau Müller. Frau Jonosa hat 3 Töchter.	
der Vater, -ä-	Herr Jonosa ist der .... von Bimata. Herr J. und Herr. M. sind Väter.	
die Mutter, -ü-	Frau Jonosa ist die ... von Bimata. Frau J. und Frau M. sind Mütter.	
der Bruder, -ü-	Friedrich ist der ... von Artur . Nelly hat 2 Brüder.	
die Schwester , -n	Fate ist die ... von Bimata. Bimata hat 3 Schwestern.	
das Jahr, -e	Sie ist 1 ... alt. Er ist 3 Jahre alt.	
die Schule, -en	Nelly ist 9 Jahre alt. Sie geht in die ... . Wir haben 3 Schulen.	
der Kindergarten,- -ä	Er ist 5 Jahre alt. Er geht in den ... . Wir haben 5 Kindergär-ten.	
die Tagesmutter, -ü	Julia ist 3 Jahre alt. Sie ist bei der ...	
der Beruf,-e	Was sind Sie von ...	
der Ingenieur, -e	Ich bin ... von Beruf.	
der Arzt, ä-e	Ich bin ... von Beruf. Da sind 3 Ärzte.	
die Adresse, -n	Schulstraße 4, Berlin. Das ist eine ...	
die Straße, -n	Eine ... hat viele Häuser.	
die Nummer, -n	Jedes Haus hat eine ... , eine Hausnummer.	
die Frage, -n	Ich habe eine ... . Wo ist die Schule?	
die Antwort, -en	Die ... lautet: Sie ist in der Schulstraße 5.	
das Interview, -s	Der Journalist macht ein	
das Hobby, -s	Das Hobby von Frau Müller ist Kuchenbacken.	
das Buch, -ü-er	Das ... ist in Deutsch. Das sind Lehrbücher.	
die Musik	Er hört gerne Pop- .... und Rock-... . Sie hört Klassik.	
das Essen	Das ... ist gut.	
Lieblings-	Mein Lieblingsessen ist Pizza. Sein ... ist Döner Kebab,	
der Hunger	Ich habe...	
die Suppe, -n	Frau Jonosa macht eine	
das Eis	Bimata und Fate bekommen ein	
das Erstaufnahme-lager, -	In Deutschland kommen alle Flüchtlinge in ein ...	
die Smart-phone-App, -s	Eine ... macht Spaß.	

Hören 4		Fragewörter
wer	... ist fünf Jahre alt? Lena ist fünf Jahre alt.	
was	... sind Sie von Beruf? - Ich bin Ingenieur.	

wie	... heißen Sie? - Ich heiße Elke.	
wo	... wohnen Sie? - Ich wohne in Frankfurt.	
woher	... kommen Sie? - Ich komme aus Österreich.	
Hören 5		andere Wörter
mein, meine	Ich habe ein Buch. Das ist ... Buch.	
Ihr, Ihre	Sie hat eine Familie. Das ist ... Familie.	
neu	Familie Jonosa ist ... in Deutschland.	
heute	... ist Montag.	
danke / bitte	Bimata sagt. „ ... für das Eis." - Frau Maier sagt: „...."	
hier	Ich bin ... in Deutschland.	
noch	Sie sprechen arabisch. Was sprechen Sie ... - Ich spreche noch Englisch.	
erst	Jana liest ein Buch. Sie ist ... fünf Jahre alt.	
schon	Er ist erst zehn Tage in Deutschland. Aber er spricht ... Deutsch.	
jetzt	Sie lesen ... das Buch.	
gut	Sie sprechen ... Deutsch.	
alt	Wie ... bist du? Ich bin fünf Jahre	
sehr	Er ist 80 Jahre alt. Er ist ... alt.	
viel	1 000 000 Euro ist ... Geld.	
teuer	Das Buch kostet 50 Euro. Das Buch ist	
ja	Geht es dir gut? ...	
nein	Geht es dir gut? ...	
ein wenig	„Sprechen Sie viel Deutsch?" - „Nein, ..."	
ein bisschen	Sprechen Sie schon Deutsch. Ja, ...	
aber	Ich verstehe nicht viel ... ein bisschen.	
und	Herr ... Frau Jonosa sind in Deutschland.	
verheiratet	Frau Müller hat einen Mann. Sie ist	
ledig	Max hat noch keine Frau. Er ist ...	
verwitwet	Frau Klein ist tot. Herr Klein ist ...	
stimmt	Ich höre, Sie sind verheiratet? - ... ich bin verheiratet.	
jede	... - n Morgen bringen sie Bimata zur Tagesmutter.	
Hören 6		Ausdrücke
Guten Tag	Wenn wir uns begrüßen, sagen wir ...	
Guten Morgen!	Wenn wir uns vormittags begrüßen: ...	
Guten Abend!	Wenn wir uns abends begrüßen ...	
Wie geht's?	Hallo! ... . ? - Danke gut. - Wie geht es dir? -	
Auf Wiedersehen! Tschüs!	Wenn wir uns verabschieden, sagen wir.... oder zu Freunden und Verwandten	
einen schönen Tag	Wenn wir uns verabschieden, wünschen wir uns oft ... noch.	
danke vielen Dank	Wenn wir etwas bekommen, dann bedanken wir uns mit ... oder	
danke ebenfalls	Wenn wir uns wie der andere auch bedanken, sagen wir ... oder auch: danke gleichfalls.	
bitte	Wenn wir uns etwas wünschen oder wir auf ein „danke" antworten, sagen wir	
gern geschehen	Wenn sich jemand bei uns bedankt hat. Dann antworten wir ...	

Abschnitt 2 Das Alphabet

Hören 7		Verben
stehen	Das Essen ... auf dem Tisch.	
stellen	Ich ... das Essen auf den Tisch.	
sitzen	Er ... auf dem Stuhl.	
schicken	Ich ... meiner Mutter eine SMS.	
kosten	Das Essen im Restaurant ... viel.	
buchstabieren	Ich ... Jonosa. J - o - n - o - s - a.	
lieben	Romeo ... Julia.	
möchten	Ich ... ein Eis. Er möchte ein Eis	

Hören 8		Nomen
das Alphabet	Das deutsche ... hat 26 Buchstaben.	
der Vokal, -e	Vokale sind a e i o u	
der Konsonant, -en	Konsonanten sind b d g ...	
das Wort, -ö-er	Ein ... hat viele Buchstaben.	
die Silbe, -n	Eine ... hat einen Vokal.	
der Satz, -ä-e	Ein ... hat ein Verb und ein Nomen.	
der Buchstabe, -n	Ein Alphabet hat ...	
der Anfang, -ä-e	Der ... vom Alphabet heißt: A.	
das Ende, -n	Das ... vom Alphabet heißt: Z.	
das Mädchen, -	Sie ist noch ein Kind. Sie ist ein	
der Osten	Im ... von Europa ist Asien.	
der Süden	Im ... von Europa ist Afrika.	
die Küche	Wir machen Essen in der	
die Leute	Viele Männer und viele Frauen. Das sind ...	
die Liebe	Die ..,. von Romeo und Julia.	
das Leiden	Er ist krank. Er hat ein ...	
das Haus, äu-er	Das ... von Frau Müller liegt in der Schulstraße,	
die Maus	1. das Tier 2. die Computer-Maus	

Hören 9		andere Wörter
offen	Kommen Sie! Das Haus ist ...	
geschlossen	Nein, kommen Sie nicht! Die Schule ist	
schön	Er kommt zu Besuch. - Au ja, das ist	
spät	Er sagt: Ich komme um 8:00. Uhr Aber er kommt um 9:00 Uhr. Das ist ...	

Abschnitt 3 Post und Telefon

Hören 10		Verben
entschuldigen	... Sie. Wo ist die Post?	
lauten	... (bei Zahlen) = heißen	
finden	Ich sehe die Schulstraße! Ich ... sie.	
suchen	Ich ... die Post. Aber ich finde sie nicht.	
telefonieren	Er ... mit der Auskunft.	
anrufen	= telefonieren. Er ... die Auskunft	
spielen	Wir ... ein Interview.	
geben	Bitte ... Sie mir die Telefonnummer.	
nehmen	Bitte ... Sie einen Kugelschreiber und schreiben Sie.	
Hören 11		**Nomen**
die Post	Auf der ... gibt es Briefmarken.	
der Postange-stellte	Der ... sitzt am Postschalter.	
die Postange-stellte	Die ... sitzt am Postschalter.	
die Dame, -n	Eine Frau ist eine ...	
die Postleitzahl, -en	Jede Adresse hat eine ...	
der Computer		
der Laptop		
die Briefmarke, -n	Wenn ich einen Brief schicken will, brauche ich eine ...	
die Stadt, ä-e	Frankfurt ist eine ...	
das Dorf, ö-er	Alfhausen ist ein ...	
das Beispiel, -e	Ich verstehe nicht. Bitte geben Sie ein	
die Telefonnum-mer, -n	Zum Telefonieren brauche ich eine ...	
die Liste, -n	Ein Telefonbuch hat eine ... mit Telefonnummern.	
der Teilnehmer -	Er lernt im Sprachkurs. Er ist ein	
die Teilnehmerin, -innen	Sie ist eine ...	
die Auskunft	Die .... gibt mir Telefonnummern.	
die Durchsage	Bei der Auskunft hören wir eine ...: „Wir sind im Augenblick alle beschäftigt.....“	
der Platz, -ä-e	Fünf Leute sitzen hier. Es sind fünf ...	

das Telefon (Fest-netz)		
der Augenblick, -e	= der Moment	
die Geduld	Ich habe ...	
		Computer
das Handy, -s das Smartphone, -s		
die e-Mail	Verb: mailen / Ich maile eine e-Mail.	
die SMS	Verb: eine SMS schicken./ Ich schicke eine SMS.	
das Twitter	Verb: twittern. / Ich twittere täglich bei Twitter und teile oder schreibe Tweets.	
der Chat	Verb: chatten. / Ich chatte mit meinem Bruder. Montags habe ich immer viele Nachrichten im Chat.	
Hören 12		andere Wörter
eins	1	
zwei	2	
drei	3	
vier	4	
fünf	5	
sechs	6	
sieben	7	
acht	8	
neun	9	
klein	Julia ist drei Jahre alt. Sie ist noch ...	
groß	Max ist 16 Jahre alt. Er ist schon ...	
oft	Er geht ... in den Sprachkurs.	
nur	Sie geht ... einen Tag auf die Straße.	
alle	Die zehn Frauen im Sprachkurs. = ... Frauen im Sprachkurs.	
einige	Nicht alle zehn Frauen, nur vier. = ... Frauen im Sprachkurs.	
andere	Die sind nicht aus dem Sprachkurs. Das sind ... Frauen.	
beschäftigt	Ich habe keine Zeit. Ich bin ...	

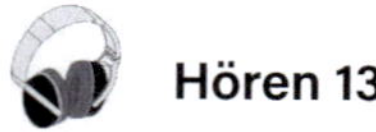

Hören 13

Abschnitt 4 Die Deutschlandkarte

		Verben
liegen	Hamburg ... an der Elbe.	
fließen	Die Elbe ... durch Hamburg.	
		Nomen
das Bundesland	Bayern ist ein ... von Deutschland.	
die Hauptstadt, ä-e	Die ... von Bayern ist München. Die ... von Österreich ist Wien.	
der Fluss, ü-e	Der Rhein ist ein ... . Der Rhein und die Donau sind ...	
das Meer, -e	Die Nordsee ist ein ... . Die Nord- und die Ostsee sind ...	
der See, -n	Der Bodensee ist ein ...	
die Grenze, -n	Die Schweiz liegt an der ... zu Deutschland.	
		Fragewörter
Welcher?	... Fluss liegt in Deutschland.	
Welche?	... Stadt liegt am Rhein?	
Welches?	... Bundesland liegt im Norden?	
Welche	... Städte liegen in Deutschland?	

Kapitel 2 Essen und Trinken

Abschnitt 1 Ein Fest

Hören 14		Verben
einladen	Familie Müller sagt: „Kommen Sie zu Besuch." - Familie Müller .... Familie Jonosa	
zahlen	An der Kasse Geld geben.	
schreiben	Ich ... mit einem Kugelschreiber.	
trinken	Er ... einen Kaffee.	
kochen	Sie... eine Suppe.	
mitbringen	Frau Jonosa kommt zu Besuch. Sie ... eine Flasche Wein	
essen	Wir ... Brot.	
kaufen	Ich ... ein Brot für das Abendessen.	
brauchen	Haben wir Brot zu Hause? Nein, wir ... noch ein Brot.	
anbraten	Frau Müller ... Eier in der Pfanne	
backen	Frau Jonosa ... ein Brot.	
klingen	Ich habe Zeit. Ich lade dich zum Essen ein. Das ... gut.	
feiern	Die Teilnehmer im Sprachkurs ... den Geburtstag von Frau Müller.	
heiraten	Sie sind noch nicht verheiratet. Aber sie ... morgen.	
dürfen	... ich Sie einladen?	

Hören 15		Nomen
das Fest, -e	Geburtstag, Hochzeit, Weihnachten, Bayram sind	
der Abend, -e	Ab 18.00 Uhr ist es ...	
der Freund, -e	Herr Müller und Herr Hoffmann sind ...	
die Freundin, -nen	Frau Hoffmann und Frau Müller sind	
das Geld	50 Euro. Das ist	
der Einkaufszettel, -	Eine Liste zum Einkaufen ist ein...	
die Idee, -n	Was koche ich heute? Ich habe keine ...	
die Flasche, -n	Mineralwasser gibt es in ...	
die Kiste, -n	20 Flaschen stehen zusammen in einer ...	
das Kilo	= das Kilogramm = 1 kg = ...	
die Packung, -en	Salz, Zucker und Mehl gibt es in einer	
die Dose, -n	Coca Cola gibt es in Flaschen und in Dosen.	
das Netz, -e	Gemüse gibt es in einem ...	

die Tube, -n	Tomatenmark gibt es in einer	
die Speise, -n	Was ich essen, sind ...	
die Spezialität, -en	Pizza ist eine italienische	
das Frühstück	Morgens esse ich ein	
der Nachmittag, -e	Nach dem Mittagessen ist ...	
das Wochenende, -n	Samstag und Sonntag ist ...	
die Hochzeit, -en	Sie sind ab heute verheiratet. Sie haben heute ...	
die Einweihung	Sie haben eine neue Wohnung. Sie feiern die Wohnung. Sie machen eine ...	
das Picknick	Sie nehmen Speisen und Getränke und feiern draußen. Sie machen ein ...	
die Zeit	Ich gehe jetzt. Ich habe keine ...	
die Tasche, -n	Man kann etwas in ein Brot hineinfüllen. Das ist eine Teig.... ich gehe einkaufen. Ich brauche eine Einkaufs....	
die Woche, -n	Eine ... hat 7 Tage.	

Wie heißen die Lebensmittel?

Lernen Sie die Lebensmittel, die Sie brauchen.

Das Gemüse

der Blumenkohl, köpfe
der Salat, -köpfe
die Möhre, -n (süddeutsch) die Karotte, -n (norddeutsch)
die Bohne, -n
die Zwiebel, -n

die Paprika, -s
die Gurke, -n
Kartoffel, -n
die Erbse, -n
die Linse, -n
der Knoblauch
die Tomate, -n

Anderes Gemüse, das Sie brauchen:

Das Obst / die Frucht-die Früchte

das Obst
die Frucht/die Früchte
der Apfel, Äpfel
die Birne, -n
der Pfirsich, -e
die Aprikose, -n
die Melone, -n
die Zitrone, -n
die Erdbeere, -n
die Himbeere, -n
die Kirsche, -n

die Pflaume, -n (norddeutsch) die Zwetschge, -n (süddeutsch)
die Orange, -n
die Banane, -n
die Weintraube, -n

Andere Früchte, die Sie brauchen:

Das Fleisch

das Fleisch
das Rind, die Rinder das Rindfleisch
das Schwein, die Schweine das Schweiniefleisch
das Lamm, die Länmer das Lammfleisch
das Huhn, die Hühner / das Hühnchen
der Hahn, die Hähne / das Hähnchen

Weiteres Fleisch, das Sie zum Kochen und Braten brauchen:

Andere Lebensmittel

das Ei, die Eier
der Zucker
das Gewürz, -e
der Pilz, -e
das Mehl
die Hefe
der Pfeffer
der Essig
das Salz
das Öl
die Soße
das Tomatenmark
das Joghurt
der Ketchup

die Majonaise
das Brot
das Fladenbrot
das Brötchen
der Laib Brot
der Käse
der Pudding
das Puddingpulver
die Schokolade
das Bonbon, -s
die Süßigkeit, -en

Weitere Lebensmittel, die Sie brauchen:

Getränke

der Kaffee
der Tee
der Kakao
die Milch
das Mineralwasser
der Orangensaft

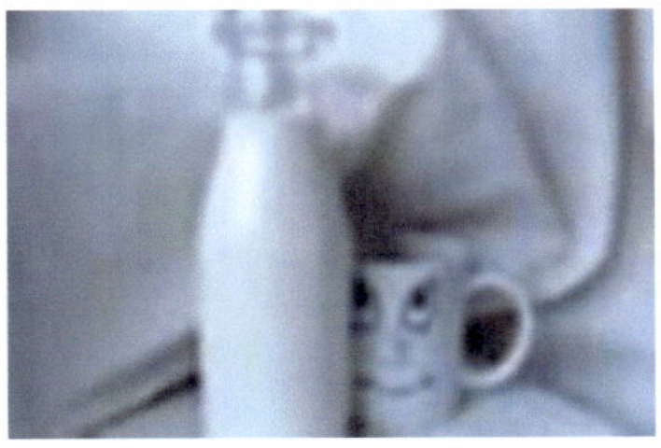

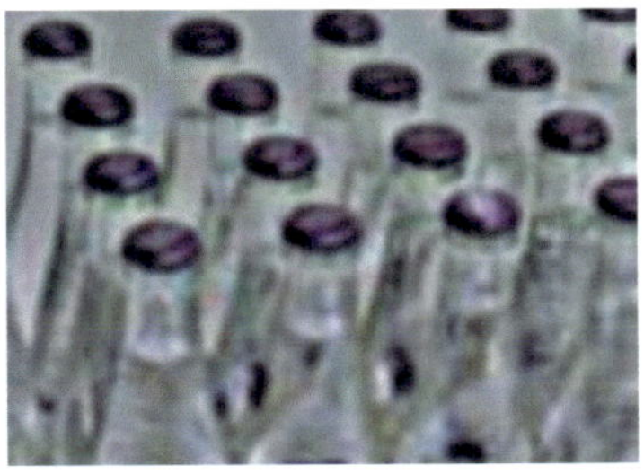

der Rotwein
der Weißwein
der Sekt
das Bier

Andere Getränke, die Sie gerne trinken:

Hören 16		
kein, keine, keines	Er ist ledig. Er hat ... Frau.	
jeder (jede)	Alle Kinder von Familie Hoffmann bekommen ein Eis. = ... Kind. Svetlana, Nelly, Friedrich, Julia und Artur bekommen ein Eis.	
zusammen	Der Sprachkurs schreibt einen Einkaufszettel. Sie schreiben	
gerne	Was trinken Sie ..... ?	
doch	„Was machen wir? Hast du eine Idee?" - „Kochen wir ....?"	
einverstanden	„Ja, gerne!" = „o.k." = ...	
dann	„Wir haben kein Geld." - „... laden wir Sie ein."	
rot	Tomaten sind ...	
gelb	Bananen sind ...	
selbst	„Kaufen Sie Brot?" - „Nein, ich backe es ..."	
denn	Ich backe Fladenbrot. - Was ist ... das?	
gefüllt	In den Piroggen ist Hackfleisch. Sie sind	
gebraten	Auf den Piroggen ist Öl. Sie sind ...	
abends	... um 18.00 Uhr sind wir zu Hause.	
normal	Frikadellen sind in Deutschland keine Spezialität. Sie sind ...	
Hören 17		**Ausdrücke**
es gibt	Was g... e... zu essen? - E... g... belegte Brote.	
eine gute Idee	Was machen wir heute? - Wir gehen ins Restaurant. - Auja, das ist	
zu Hause	„Gehst du heute in die Stadt?" - „Nein, heute bin ich ... ."	

Abschnitt 2 Einkaufen

Hören 18		Verben
hineinstecken, steckt hinein	Herr Moreno ... die Karte in den Computer ...	
anzeigen, zeigt an	Der Computer ...: „Guten Tag."	
eingeben, gibt an	Herr Moreno ... die Zahl ...	
drücken	Er ... auf die Taste	
wiederholen	Er lernt das Nomen, dann ... er das Nomen.	
versuchen	experimentieren, testen = ...	
auswählen, wählt aus	Es gibt rote, grüne und gelbe Paprikas. Er ... die roten Paprikas ...	
bestätigen	Er sagt: „Ja, das ist richtig." - Er ...	
warten	Viele Leute stehen an der Kasse. Sie ...	
öffnen	Der Supermarkt ... um 8.00 Uhr. Bitte ... Sie das Fenster.	
ergänzen	Bitte ... Sie das Personalpronomen: „Ich gehe."	
einkaufen, kauft ein	Ich ... im Supermarkt ... - Was ... Sie ...? - „Ich ... eine Packung Kaffee ...	
legen	Er ... die Zwiebeln in den Wagen. Er ... das Buch auf den Tisch.	
reißen	Die Tüten kleben zusammen auf einer Rolle. Ich ... eine Tüte von der Rolle.	
füllen	Ich gebe Hackfleisch in die Tüte. = Ich ... das Hackfleisch in die Tüte.	
verschließen	Sie öffnet die Tüte und füllt Hackfleisch in die Tüte, dann ... sie die Tüte.	
kleben	Ich ... den Zettel auf die Tüte.	
abwiegen, wiegt ab	Ich ... die Tomaten auf der Waage...	
mitnehmen, nimmt mit	Er ... Schokolade für die Kinder ... Sie ... die Tasche in den Supermarkt ...	
bezahlen	An der Kasse ... wir	

Hören 19		Nomen
die Bank, -en	Geld hole ich auf der ...	
die Geheimzahl, -en	Ich gebe die ... in den Computer ein.	
die Taste, -n	Ich drücke die ...: „Bestätigen."	
die Korrektur, -en	Das ist falsch. Ich drücke die Taste: „....".	
der Betrag, -äge	Ich brauche 100 Euro. Am Computer wähle ich den ...: 100 Euro.	

der zehn Euroschein, -e	10 Euro gibt es in einem … .	
der Supermarkt, -ärkte	Lebensmittel kaufen wir im …	
der Einkaufswagen, -	Im Supermarkt legen wir die Lebensmittel in den …	
die Gemüseabteilung, -en	Im Supermarkt kaufen wir Gemüse in der …	
der Sack, -äcke	Kartoffeln gibt es in einem …	
die Plastiktüte, -n / die (Papier-)tüte, -n / die Baumwolltasche	Gemüse füllen wir im Supermarkt oft in eine … An der Kasse bekommen wir für 50 Cent eine … oder für 1 Euro eine …	
die Rolle, -n	In der Gemüseabteilung gibt es eine … mit kleinen Tüten für das Gemüse.	
die Waage, -n	Das Gemüse wiegen wir mit einer … ab.	
der Zettel, -	Aus der Waage kommt ein kleiner … mit Gewicht und Preis. Ich klebe den … auf die Ware.	
die Frischtheke, -n	Fleisch, Käse und Fisch kaufe ich an der …	
die Verkäuferin, -innen	An der Frischtheke steht eine …	
der Verkäufer, -	Wir kaufen das Auto. Wo ist der …	
das Sonderangebot, -e	110 gr. Schinken kosten hier 3,50 Euro. Aber heute kostet er 2,99 Euro. Er ist im …	
der Preiszettel, -	Auf dem Joghurt klebt ein Zettel, Auf dem Zettel steht 90 Cent. Das ist ein …	
die Kasse, -n	Wir bezahlen an der …	
die Ware, -n	Lebensmittel, Autos, Pullover und vieles andere sind …	
das Band, -änder	An der Kasse legen wir die Waren auf das …	
die Kassiererin, -innen	Die Frau an der Kasse ist eine …	
der Kassierer, -	Der Mann an der Kasse ist ein…	
der Preis, -e	Wie viel kostet das? - Der … ist 15 Euro.	
Hören 20		Andere Wörter
richtig	stimmt = …	
falsch	stimmt nicht = …	
lange	„Wie viel Zeit brauchen Sie?" - „Ich brauche viel Zeit." = Ich brauche …	
auch	Hier gibt es Paprikas und Tomaten. Hier gibt es aber … Obst.	
gerade	Was machen Sie jetzt? = Was machen Sie …	
besonders	sehr = …	
günstig	nicht teuer = …	
voll	Ich habe keinen Platz im Einkaufswagen. Der Einkaufswagen ist…	

		Ausdrücke
noch einmal	Bitte wiederholen Sie = Bitte sagen Sie es ...	
einen schönen Feierabend!	Nach der Arbeit haben Sie Feierabend. Die Verkäuferin wünscht: „...“	

Abschnitt 3 - Was machen wir nicht?

Hören 21		Verben
frühstücken	Er isst ein Frühstück. = Er ...	
mögen	Ich --- keine Erbsen.	
reparieren	Das Auto ist kaputt. Er ... das Auto.	
treffen	Er sieht Frau Jonosa auf der Straße. - Er ... Frau Jonosa.	
spazieren gehen	Er geht eine Stunde im Park. = Er geht...	
mitgehen, geht mit	Ich gehe ins Kino. Kommst du auch? = ... du ...?	
schwimmen	Im Sommer gehen wir oft ...	
arbeiten	Eine Kassiererin ... an der Kasse.	
aufstehen, steht auf	Am Morgen ... ich ...	
waschen	Ich stehe am Morgen auf, dann ... ich mich, dann früh-stücke ich.	
fahren	Ich ... Auto	
abspülen, spült ab	Nach dem Essen ... ich das Geschirr ...	
bügeln	Nach dem Waschen ... ich die Wäsche.	
kochen	Das Essen ... ich in der Küche.	
putzen	Die Wohnung ... ich.	
Hören 22		Nomen
der Samstag, -e	Am ... arbeiten viele Menschen nicht, aber die Geschäfte sind geöffnet.	
der Mittag, -e	Um 12.00 Uhr ist ...	
der Hamburger, -	Ein Brötchen mit einer Frikadelle ist ein ...	
der Sonntag, -e	Am ... arbeiten die Menschen nicht.	
das Auto, -s	Ich fahre mit dem ...	
die Lust (kein Plural)	Ich möchte heute nicht. Ich habe keine ...	
das Bett, -en	Ich schlafe in einem ...	
das Theater, -	Im ... sehen wir Hamlet oder Faust.	
das Kino, -s	Im ... sehen wir einen Film.	
das Konzert, -e	Im ... hören wir Musik.	
der Brief, -e	Ich schreibe an eine Freundin einen	
das Geschirr (kein Plural)	Nach dem Essen wasche ich ... ab.	

die Wäsche (kein Plural)	Textilien sind ...	
Weitere Wörter zum Thema „Essen und Trinken"		
die Nudel, -n		
der Kuchen, -		
Hören 23		Andere Wörter
gesund	Viel Öl. Margarine und Butter ist nicht ...	
lieber	Ich gehe nicht ins Theater. Ich gehe ... ins Kino.	
dick	Er isst viel. Er ist ...	
müde	Sie schläft nicht. Sie ist...	
nicht	Er hat keine Zeit. Er kommt ...	
allein	Er geht nicht mit seiner Frau zusammen. Er geht ...	
früh	Sie steht um fünf Uhr auf. Sie steht ... auf.	

Abschnitt 4 Im Restaurant

Hören 24		Verben
empfehlen	Was ... Sie mir? Äpfel oder Birnen?	
schmecken	Das Essen ist gut. = Das Essen... gut.	
abräumen, räumt ab	Nach dem Essen... die Kellnerin den Tisch...	
Hören 25		Nomen
der Kellner, - die Kellnerin, -innen	Der ... oder die ... arbeitet in einem Restaurant. Anderes Wort: der Servierer / die Serviererin	
die Speisekarte, -n	Was gibt es zu essen? - Lesen Sie die ...	
die Vorspeise, -n	Im Restaurant gibt es zuerst die ...	
die Hauptspeise, -n	Nach der Vorspeise gibt es die ...	
die Nachspeise, -n	Nach der Hauptspeise gibt es die ...	
das Dessert, -s	Die Nachspeise heißt auch ...	
der Appetit	Es schmeckt. Er hat ...	
Guten Appetit!	Beim Essen wünschen wir :„Guten Appetit"	
		Andere Wörter
frisch	Das Gemüse ist nicht alt. = Das Gemüse ist ...	

Weitere Wörter zum Thema Essen und Trinken: Die Speisen und Getränke im Restaurant

das Rindsbouillon, die Rindsuppe, -n
der Toast, -s
der Hering, -e
der Thunfisch, -e
die Ananas
das Schnitzel
die Pommes Frites, -(Plural)

der Schweinebraten, -
der Semmelknödel, -
das Sauerkraut
der Zwiebelrostbraten
das Steak, -s
der Sauerbraten, -
die Krokette, -n
das Apfelmus (kein Plural)
das Rinderfilet, -s

das Brathähnchen, -
der Reis
das Schollenfilet
die Bratkartoffel, -n
die Fischplatte, -n
das gemischte Eis
die Sahne (kein Plural)
der Erdbeerbecher

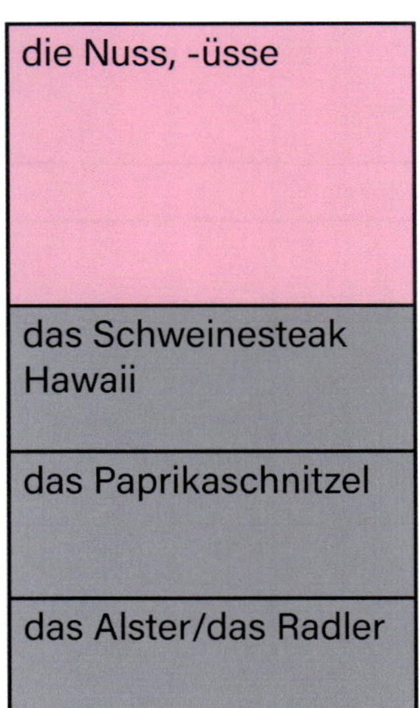

die Nuss, -üsse	
das Schweinesteak Hawaii	Ein Steak aus Schweinefleisch mit Ananas und Käse überbacken
das Paprikaschnitzel	Ein Schweineschnitzel mit angebratenen Paprikastreifen
das Alster/das Radler	Ein Bier mit Limonade gemischt

Abschnitt 5 Auf der Bank

Hören 26		Verben
überweisen	Geld von einem Konto auf ein anderes Kono legen. = ...	
kündigen	einen Vertrag beenden = ... Beispiele: Dauerauftrag, Wohnung, Arbeit...	
unterschreiben	Ich schreibe meinen Namen auf ein Dokument. Ich ...	
eröffnen	Ich möchte ein Konto haben. Ich ... ein Konto.	
einrichten, richtet ein	Ich möchte einen Dauerauftrag haben. Ich ... einen Dauerauftrag...	
einzahlen, zahlt ein	Ich gebe 250 Euro auf ein Konto. Ich ... 250 Euro ...	
abheben, hebt ab	Ich nehme 400 Euro von meinem Konto. Ich ... 400 Euro von meinem Konto ...	
wechseln	Ich möchte 100 Euro in Zehneuroscheine ... Ich bekomme zehn Scheine.	
Hören 27		Nomen
die Miete, -n	Ich wohne in einer Wohnung. Ich bezahle ...	
das Überweisungsformular, -e	Ich überweise die Miete. Ich brauche ein ...	
der Monat, -e	Ein ... hat 30 oder 31 Tage.	
der Dauerauftrag, -äge	Ich überweise jeden Monat Geld an den Vermieter. Ich brauche einen ...	
der Bankangestellte, -n	Der ... arbeitet auf der Bank.	
die Bankangestellte, n	Die ... arbeitet auf der Bank.	
das Konto, die Konten	Mein Geld liegt auf dem ...	
die Kontonummer, -n	Jedes Konto hat eine ...	

der Vermieter, - die Vermieterin, -in- nen	Miete bezahlen wir an den ... oder die ...	
die Bankleitzahl, -en	Jede Bank hat eine ...	
der Empfänger, -	Ich überweise Herrn Müller 200 Euro. Herr Müller ist der ...	
das Kreditinstitut, -e	Banken und Sparkassen sind...	
der Verwendungszweck, -e	Ich überweise 700 Euro für die Waschmaschine. Ich schreibe auf die Überweisung den ...: „Rechnungsnummer 1007, Juni 2021, Waschmaschine."	
der Auftraggeber, -	Herr Jung überweist dem Elektrogeschäft 900 Euro. Herr Jung ist der ...	
die Unterschrift, -en	Herr Alt unterschreibt das Formular. Das ist die ... von Herrn Alt.	
das Elektrogeschäft	Im ... kaufen wir Fernseher, Radios, Computer, Kaffeemaschinen.	
die Waschmaschine, -n	Die Wäsche waschen wir mit einer ...	
das Bargeld (kein Plural)	Geldscheine sind...	
die Rückseite, -en	Die Nummer der Kreditkarte steht auf der ...	

Hören 28 — **Andere Wörter**

die nächsten Monate	Jetzt ist Februar. ... sind März, April, Mai, Juni.	
per	Ich überweise ... Dauerauftrag. Ich bezahle... Scheck.	
automatisch	Mit einem Dauerauftrag bekommt mein Vermieter jeden Monat ... die Miete.	
wann?	... kommen Sie? - Ich komme am Montag.	
wieviel?	Das ist eine schöne Waschmaschine. ... kostet sie?	
jederzeit	„Wann soll ich kommen? Bitte geben Sie mir einen Termin". - ..... Sie brauchen keinen Termin."	
wichtig	Ihre Unterschrift ist Ihre Identität. Die Unterschrift ist ...	
billig	nicht teuer ...	
leider	„Haben Sie heute frische Kartoffeln?"- „Nein, ... haben wir keine."	
bar	Ich bezahle mit einem Geldschein. Ich bezahle ...	
in Ordnung	einverstanden =	
der Erste im Monat	... ist der 1. Januar, der 1. Februar, der 1. März usw.	
das geht in Ordnung	Wir machen das. Es gibt keine Probleme. = ...	
Bescheid sagen	Der Geldautomat ist kaputt. Wir gehen auf die Bank und ...	

Kapitel 3 Mobilität

Abschnitt 1 Am Wochenende

Hören 29		Verben
(sich) unterhalten, unterhält sich	Zwei Menschen sprechen miteinander. Sie ... sich.	
(sich) ausruhen, ruht sich aus	Ich arbeite nicht. Ich sitze hier und ... mich...	
schlafen, schläft	Abends gehen wir ins Bett und ...	
kaputtgehen, geht kaputt	Vergiss das Öl nicht. Sonst ... das Auto ...	
kennen	Er vergisst immer das Öl. Das ... ich schon.	
vorlesen, liest vor	Der Vater ... der kleinen Julia ein Märchen aus dem Buch ...	
wandern	lange spazieren gehen ...	
erzählen	Er hat kein Märchenbuch. Er ... das Märchen.	
vorbereiten, bereitet vor	Der Vater ... das Essen ...	
schneiden	Er ... das Brot.	
decken	Er ... den Tisch.	
aufhängen, hängt auf	Svetlana ... das Bild ...	
stricken	Ihr Hobby ist Pullover ...	
packen	Svetlana ... die Kühltasche. Frau Hoffmann ... das Paket.	
halten, hält	1. Die Thermoskanne ... den Tee heiß. 2. „...!" - ruft Frau Hoffmann. 3. Friedrich ... ein Buch in der Hand.	
anhalten, hält an	Das Auto ... vor dem Gartentor ...	
glauben	Das ist eine gute Waschmaschine. - Das ... ich nicht. Sie ist so billig.	
werben, wirbt	Die Firma ... mit einem guten Preis.	
tragen, trägt	Die Mutter ... die Gartenstühle und der Vater ... den Gartentisch.	
vergessen, vergisst	Wir haben keine Butter. Immer .... du die Butter.	
losfahren, fährt los	Alles ist fertig. Wir	
steigen	Sie (Plural) .... in das Auto, dann ... sie aus dem Auto.	
zuschlagen, schlägt zu	die Türe laut schließen = ...	
rufen	„Hallo, wo bist du?" - ... er.	
zurückgehen, geht zurück	Wir gehen spazieren. Um sechs Uhr ... wir wieder ...	

ausgraben, gräbt aus	Er ... ein Gemüsebeet ...	
graben, gräbt	Heute ... er im Garten.	
helfen, er hilft	Die Mutter bäckt einen Kuchen. Artur ... der Mutter. Er rührt den Teig.	
ausmessen, er misst aus	Er ... die Wohnung ... Die Wohnung hat 80 Quadratmeter.	
pflanzen	Svetlana ... die Tomaten in das Beet.	
raten, er rät	Friedrich ist krank. Die Mutter ....: „Geh zum Arzt."	
lassen, er lässt	Beim Autofahren ... viele Autofahrer zu wenig Abstand.	
dauern	Beim Arzt warten wir lange. Es ... oft ein bis zwei Stunden.	
schreien	Julia hat eine Wunde. Sie ...	
laufen	schnell gehen = ...	
lachen	Auf dem Fest ... die Leute viel.	
stehlen, er stiehlt	Nachts geht er in das Haus und nimmt den Computer mit. Das ist aber nicht sein Computer. Er .... den Computer.	
stechen, er sticht	Ein Dorn ...	
sterben	Er ist sehr krank, aber er ... nicht.	
anschwellen, es schwillt an	Die Wunde	
mitspielen, er spielt mit	Julia und Nelly spielen Ball. Dann kommt Artur und	
gelten, es gilt	Fußball spielen wir mit den Füßen. Die Regel ..., aber das Spielen mit den Händen ... nicht.	
meinen	Sie sagt: „Ich glaube, ich habe Zeit." = Sie ..., sie hat Zeit.	
fallen, er fällt	Der Apfel ... vom Baum.	
erschrecken, er erschrickt	Sie geht über die Straße. Ein Auto kommt. Sie ...	
klettern	Sie ... auf den Baum, dann ... sie den Baum hinunter.	
aufklappen, klappt auf	Wir ... die Gartenstühle ...	
verderben, verdirbt	Fleisch ... in der Sonne.	
schmelzen, schmilzt	Eis ... in der Sonne.	
herbeilaufen, läuft herbei	Sie gehen schnell zu Tisch. Sie	
brechen, bricht	Sie schneidet das Brot nicht, sie ... das Brot.	
verteilen	Jeder bekommt ein Brot. Sie ... das Brot.	
aufschneiden, schneidet auf	Die Mutter ... den Kuchen ...	
eingießen, gießt ein	Der Sohn ... den Tee ...	

Bravo!

Wenn Sie diese Verben und die Verben aus Kapitel 1 und 2 können, dann können SIe alle starken (unregelmäßigen) Verben im Präsens.

Im Grammatikbuch haben Sie noch einmal die vollständige Liste in Kapitel 3.1.

Hören 30		Nomen
das Café, -s	Im ... trinken wir Kaffee und essen Kuchen.	
die Arbeit, -en	Er arbeitet. Er hat eine ...	
der Schaufenster-bummel (kein Plural)	Wir gehen in der Stadt spazieren. Wir machen einen ...	
das Wohnzimmer, -	Im ... Wohnzimmer sitzen wir abends und sehen fern.	
die Wohnung, en	Ein Haus hat eine ... oder viele	
der Garten, Gärten	Um das Haus liegt ein	
die Kühltasche, -n	Eine Tasche für Butter, Käse, Fleisch und Wurst ist eine	
die Thermoskan-ne, -n	Der heiße Kaffee bleibt in der ... heiß.	
die Verpackung, en	Waren haben eine	
die Werbung, en	Die Firma wirbt: Sie macht	
der Gartenstuhl, -stühle	Im Garten sitzen wir auf einem	
der Gartentisch, -tische	Der Tisch im Garten heißt	
die Hand, Hände	Sie hat eine Tasse in der	
der Fußball, -bälle	Artur spielt gerne	
die Stunde, -n	Er wartet eine ... auf sie.	
das Gartentor, -e	Wir gehen durch das ... in den Garten.	
die Autotür, -türen	Wir öffnen die ... und steigen in das Auto.	
die Sache, -n	das Ding = die ...	
das Gemüsebeet, -e	Wir pflanzen Gemüse in das	
das Beet, -e	Im Garten gibt es ein ... für Gemüse.	
der Steckling, -e	Eine sehr junge Pflanze ist ein	
der Abstand, -stände	Der Autofahrer hält ... bis zum nächsten Auto.	
die Pflanze, -n	Im Garten wachsen	
der Dorn, -en	Eine Rose hat	
der Finger, -	Die Hand hat fünf	
der Himbeerstra-uch, -sträucher	Himbeeren wachsen auf einem ...	
die Himbeere, -n	Im Sommer gibt es Erdbeeren und	
der Mund, Münder	Sie steckt dem Kind Himbeeren in den	
die Wunde, -n	Der Dorn sticht das Kind. Das Kind hat eine ... am Finger.	
der Ball, Bälle	Der Fußball ist ein	
die Spielregel, -n	Zum Spielen brauchen wir Regeln. Das sind	
der Baum, Bäume	Äpfel wachsen auf	
der Kopf, Köpfe	Der Apfel fällt Artur auf den	
der Korb, Körbe	Svetlana pflückt Äpfel und legt sie in einen	
das Tischtuch, -tücher	Auf dem Tisch liegt ein	

die Sonne, -n	Das Wetter ist schön. Es gibt	
das Stück, -e	Sie schneidet das Brot in	
Hören 31		**Andere Wörter**
miteinander	zusammen = ...	
kaputt	Das Auto fährt nicht. Das Auto ist ...	
manchmal	Er kommt nicht oft, aber er kommt. Er kommt ...	
morgens	am Morgen = ...	
vormittags	am Vormittag = ...	
mittags	am Mittag = ...	
nachmittags	am Nachmittag = ...	
abends	am Abend = ...	
gemütlich	Wir sitzen abends im Wohnzimmer und sprechen miteinander. Es ist schön. = Es ist	
bestimmt	Der Zug kommt jeden Morgen. Er kommt ... auch heute Morgen.	
ruhig	Ich habe nicht viel Arbeit. Es ist	
derselbe, dieselbe, dasselbe	Er erzählt das Märchen heute Morgen und er erzählt ... Märchen auch heute Abend.	
draußen	Ich bin nicht im Haus. Ich bin	
heiß	Er kocht den Kaffee. Der Kaffee ist	
viertel	1/4 = ein	
laut	Sie ruft. = Sie spricht	
gemeinsam	zusammen, miteinander = ...	
besser	Das alte Auto fährt gut. Aber das neue Auto fährt	
paar	Ich habe nicht viele Äpfel. = Ich habe ein ... Äpfel. (Was einen Plural hat: „paar“) **Aber:** Ich habe nicht viel Geld. = Ich habe ein bisschen Geld. (Was keinen Plural hat: „ein bisschen“)	
schlimm	Sie ist sehr krank. Sie hat eine ...-e Wunde. Das ist	
vorsichtig	Der Autofahrer hält Abstand. Er ist	
eben	„Ich habe keine Zeit.“ - „Gut. Dann komme ich ... nicht.“	
fertig	Er bereitet das Essen vor. Nach einer Stunde ist das Essen	
schnell	Er hat keine Zeit. Er läuft	
lauwarm	Der Tee ist nicht mehr heiß. Er ist	
Hören 32		**Ausdrücke**
zu Mittag/ zu Abend essen	Mittags essen wir ... , abends essen wir	
auf dem Land	Ich wohne nicht in der Stadt. Ich wohne	
stundenlang	Er wartet schon sehr lange. = Er wartet	
Was ist los?	Sie schreit. Ich möchte helfen und sage: ...	
Na und.	Ich habe morgen keine Zeit, = ..., dann treffen wir uns eben heute.	

Abschnitt 2 Ein Auto kaufen

Hören 33		Verben
herumgehen, geht herum	ohne Plan gehen = ...	
anschauen, schaut an	eine Sache genau sehen = ...	
halten, hält	Das Auto ist schnell kaputt. Es ... nicht lange.	
(sich) interessieren (für)	Er möchte das Auto vielleicht kaufen. Er ... sich für das Auto.	
(Gang) einlegen, legt ein	Er geht vom ersten Gang zum zweiten Gang. Er ... den zweiten Gang	
loslassen, lässt los	Er hält den Ball nicht mehr. Er ... den Ball	
ausfüllen, füllt aus	Ein Formular, einen Antrag, einen Vertrag ... wir	
anmelden, meldet an	Sie machen einen Sprachkurs. Zuerst ... Sie sich	
abmelden, meldet ab	Sie bekommen jeden Morgen die Zeitung. Sie möchten die Zeitung nicht mehr. Sie ... die Zeitung	
ummelden, meldet um	Sie haben eine neue Wohnung. Sie ... sich auf der Gemeinde	
zulassen, lässt zu	Das ist mein Auto. Ich ... das Auto auf meinen Namen	
Hören 34		**Nomen**
das Problem, -e	Eine Sache ist schwer für mich. Ich habe ein	
die Münze, -n	Ein Euro ist eine	
der Fuß, Füße	Er drückt mit dem ... auf das Gas.	
der Vertrag, Verträge	Ich kaufe ein Haus. Ich mache einen	
der Schlüssel, -	Die Tür hat einen	
Hören 35		**Andere Wörter**
vielleicht	nicht sicher = ...	
wirklich	„Bitte glaube mir. Ich habe ... keine Zeit."	
abgelaufen	Der Pass gilt fünf Jahre. Er ist von 2015. 2020 ist er	
ziemlich	sehr = ...	
ohne	Er hat keine Freunde. Er ist ... Freunde.	
gepflegt	Er wäscht sich und seine Kleidung ist in Ordnung. Er ist	
kurz	nicht lang = ...	
ruhig	nicht laut = ...	
zufrieden	Ich habe keine Probleme. Ich bin	
bald	Sie braucht in kurzer Zeit Arbeit. = Sie braucht ... Arbeit.	
		Ausdrücke
Gute Fahrt!	Sie fahren mit dem Auto. Wir wünschen	

Abschnitt 3 Termine

Hören 36		Verben
müssen, (ich muss, du musst, er muss, wir müssen, ihr müsst, sie müssen)	„Svetlana, mach die Hausaufgaben!" - Svetlana ... die Hausaufgaben machen.	
wecken	„Steh auf, Artur", sagt der Vater. Der Vater ... Artur.	
anziehen, zieht an	Am Morgen stehen wir auf und ... Kleider ...	
ärgern, (ich ärgere, du ärgerst, er ärgert, wir ärgern, ihr ärgert, sie ärgern)	Er macht keinen Spaß, er .... den Freund.	
aufpassen, passt auf	1. Sei vorsichtig! = ...! 2. Die Tagesmutter ... auf Julia	
wissen (ich weiß, du weißt, er weiß, wir wissen, ihr wisst, sie wissen)	Wo ist Frau Hoffmann? Wer ... das?	
erinnern (wie ärgern, ich erinnere, du erinnerst...)	Der Vater ... Artur an das Fußballtraining.	

Hören 37		Nomen
das Krankenhaus, -häuser	Sie ist krank und bekommt eine Operation. Sie ist im ...	
die Uhr, -en	Die ... sagt uns die Zeit.	
die Hausaufgabe, -n	Die Kinder bekommen in der Schule für nachmittags ...	
der Nachbar, -n	Er wohnt neben uns. Er ist unser ...	
die Nachbarin, -nen	Sie wohnt neben uns. Sie ist unsere ...	
der Förderunterricht (kein Plural)	Friedrich ist in der Schule. Er spricht noch schlecht Deutsch. Dienstag und Donnerstag geht er nachmittags zu einer Lehrerin und lernt dort Deutsch. Er bekommt ...	
der Verein, -e	Artur spielt Fußball in einer Gruppe. Sie spielen nicht in der Schule, sie spielen im ...	
der Sport (kein Plural)	Fußball ist ein ...	
das Klavier, -e	Svetlana macht Musik. Sie spielt ...	
der Musikunterricht	Sie lernt ein Instrument. Sie bekommt ..., aber auch in der Schule gibt es für alle ...	

Hören 38		Andere Wörter
um 10 Uhr	Er kommt ... nach Hause, also genau zu dieser Zeit.	
10 Uhr	10:00 Uhr	
viertel vor 10	9:45 Uhr oder 21:45 Uhr	

viertel nach 10	10:15 Uhr oder 22:15 Uhr	
5 Minuten vor 10	9:55 oder 21:55 Uhr	
5 Minuten nach 10	10.05 oder 22:05	
bevor	Frau Hoffmann geht um zehn Uhr ins Krankenhaus. Um neun Uhr spricht sie mit ihrer Familie. ... sie ins Krankenhaus geht. spricht sie mit ihrer Familie.	
brav	Das Kind macht seine Hausaufgaben, hilft Vater und Mutter und ist freundlich. Das Kind ist ...	
pünktlich	Sie hat einen Termin um zehn Uhr. Sie kommt genau um 10.00 Uhr. Sie ist ...	
nach Hause	Nach dem Sprachkurs gehen sie ...	

Abschnitt 4 Versicherungen

Hören 39		Verben
aufschreiben, schreibt auf	Herr Jonosa ... die Adresse der Verbraucherzentrale ...	
hereinkommen, kommt herein	Herr Moreno öffnet die Türe. Herr Bauer sagt: ... Sie ...	
versichern	Herr Moreno hat ein neues Auto. Er möchte das Auto ...	
(sich) richten (nach)	Der Preis der Versicherung ... sich nach dem Tarif der Versicherung.	
sinken	Heute kostet das Benzin 1,59 Euro. Morgen ... der Preis auf 1,39 Euro.	
erklären	Ich verstehe diese Tarife nicht. Bitte ... Sie mir das.	
schätzen	Ich weiß nicht genau, wie viel das neue Auto kostet. Aber ich ... es kostet ungefähr 20 000 Euro.	
ausmachen, macht aus	Herr Jonosa telefoniert mit der Verbraucherzentrale. Er ... einen Termin	
(sich) lohnen	Diese Versicherung kostet 5 000 Euro im Jahr. Mein Auto kostet aber nur 2 500 Euro. Das ... sich nicht.	
beenden	Herr Bauer spricht am Telefon. Er sagt: „Auf Wiedersehen." Er ... das Telefongespräch.	
Hören 40		Nomen
das Beratungsgespräch, -e	Herr Moreno fragt die Verbraucherzentrale nach Versicherungen. Er hat ein ...	
das Pech (kein Plural)	Sie hat kein Glück. Sie hat ...	
der Fahranfänger, -	Er fährt noch nicht lange Auto. Er ist ein ...	
die Marktübersicht, -en	Ich möchte etwas über Waschmaschinen wissen. Ich lese eine ... Dort stehen die Preise der Waschmaschinen und die Qualität der Waschmaschinen.	
die Broschüre, -n	Ein kleines Informationsheft ist ein3 ...	

die Großstadt, -städte	München, Frankfurt, Hamburg, Hannover, Berlin sind...	
die Schuld (kein Plural)	Wer bei einem Unfall ... hat, bezahlt den Schaden.	
die Reparatur, -en	Ich repariere das Auto. Die ... ist teuer.	
die Verletzung, -en	Die Dornen stechen das Kind. Das Kind hat eine ...	
der Diebstahl, -stähle	Ein Mann stiehlt den Computer in Herrn Müllers Haus. Herr Müller hat keine Versicherung. Dieser ... ist nicht versichert.	
das Gespräch, -e	Ich spreche mit dem Arzt. Ich habe ein ...	
das Telefongespräch, -e	Ich telefoniere mit meiner Freundin. Ich habe ein ...	
die Ausbildung, -en	Svetlana geht zur Schule. Sie ist in der ...	
das Fahrrad, -räder	Die Kinder fahren mit dem ... oder mit dem Bus zur Schule.	
das Mietshaus, -häuser	Frau Hoffmann zahlt jeden Monat Miete. Ihre Wohnung ist ein ...	
das Schloss, Schlösser	Ich schließe meine Haustüre mit einem Schlüssel. Die Haustüre hat ein ...	
die Zeitschrift, -en die Zeitung, -en	Eine ... gibt es nicht jeden Tag. Ich bekomme sie jede Woche oder jeden Monat oder alle drei Monate neu, aber die ... erhalte ich jeden Tag.	
der Unterschied, -e	Die Menschen sind nicht gleich. Da gibt es ...	
der Rat, die Ratschläge	Welche Versicherung ist für mich günstig? Bitte geben Sie mir einen	

Fachwörter zum Thema „Versicherung"

die Versicherung, -en	
die Verbraucherzentrale, -n	
die Kraftfahrzeugversicherung	
der Tarif, -e	
der Schadensfall, -fälle	
die Tabelle, -n	
der Autoversicherer, -	
der Unfall, -fälle	
die Abschleppkosten (Plural)	
das Schmerzensgeld (kein Plural)	
die Krankenkasse -n	
das Gutachten, -	
der Gutachter,	
die Gutachterin	
der Mietwagen, -	
die Selbstbeteiligung, -en	
die Laufzeit, -en	
die Kündigungsfrist, -en	
der Kündigungstermin, -e	
die Beratung, -en	
der Unfallgegner, -	

Hören 42		Andere Wörter
wenn	Ich habe vielleicht morgen Zeit. ... ich morgen Zeit habe, dann gehe ich einkaufen.	
dieser - diese - dieses - diesen....	Ist ... Bus richtig? - Ja, er fährt zur Schule.	
also	Sie haben ein neues Auto. SIe brauchen ... eine Haftpflichtversicherung.	
verschieden	Da ist ein Unterschied. Diese zwei Menschen sind ...	
seriös	Das ist kein Betrüger. Der Mann ist ...	
natürlich	Haben Sie Zeit? Ja, ... Ich habe immer Zeit.	
unfallfrei	ohne Unfall = ...	
meistens	nicht immer, aber sehr oft = ...	
hoch	Das ist aber teuer. Der Preis ist ...	
folgender - folgende - folgendes - folgenden...	Ich sehe den Film nach den Nachrichten. Ich sehe den ... Film.	
eigentlich	Er hat ... keine Zeit. Aber er hilft seinem Freund ein paar Minuten.	
eigener - eigene - eigenes - eigenen	Ich kaufe das Auto. Das ist jetzt mein ... Auto.	
kostenlos	Für diese Broschüre bezahle ich nichts. Die Broschüre ist ...	

Kapitel 4 Wohnung

Abschnitt 1 Eine Wohnung suchen

Hören 43		Modalverben
können	1. Ich habe das Geld. Wir .... ein Auto kaufen. 2. Ich habe um 15.00 Uhr Zeit für Sie. Sie ... hier warten. Sie ... aber auch eine Stunde spazieren gehen. 3. Ich suche eine Wohnung. ... Sie mir helfen? 4. Frau Hoffmann sagt: „Meine Kinder ... schon sehr gut Deutsch sprechen. Svetlana ... Klavier spielen.	
wollen	1. Die Kinder schreien. Sie ... unbedingt ein Eis haben. 2. Familie Jonosa, Familie Moreno und Familie Hofmann ... sich am Abend treffen.	
möchten	1.. „... Sie einen Kaffee?" - „Nein danke, ich trinke lieber Tee." 2. „Mama, darf ich einkaufen gene?" - „Nein, Artur. das ... ich nicht.- Du bist noch zu klein."	
dürfen	1. „Mama, ... wir unsere Freunde besuchen?" - „Ja, ihr ... gehen." 2. Sie ... das Auto nicht ohne Kfz-Versicherung fahren. 3. „... ich bitte noch eine Tasse Kaffee haben?"- „Oh ja, bitte schön." Entschuldigung, ... ich Sie etwas fragen?" - „Ja, bitte."	
müssen	1. Alle Menschen ... essen, trinken und schlafen. 2. Sie haben ein Auto. Sie ... eine Versicherung haben und Sie ... das Auto bei der Zulassungsstelle anmelden. In Deutschland ... alle Kinder in die Schule gehen. 3. Familie Mohamed hat kein Telefon. Gut, dann ... wir Familie Mohamed eben einen Brief schreiben.	
sollen	1. Die Bibel sagt: „Du ... deinen Nächsten lieben wir dich selbst." 2. Das Jobcenter sagt, ich ... mich jede Woche melden. 3. Ist das richtig? Ich höre im Fernsehen, nächste Woche ... das Wetter schön werden.	

Hören 44		Andere Verben
mitzählen, zählt mit	Die Wohnung hat fünf Zimmer: Ein Wohnzimmer, ein Schlafzimmer, ein Kinderzimmer, ein Bad und eine Küche. - Aber das ist eine 3-Zimmer-Wohnung. Bad und Küche ... man nicht	
bedeuten	Was ... KM? - KM ist die Abkürzung für Kaltmiete.	
wählen (die Telefonnr.)	Herr Jonosa ruft einen Vermieter an. Die Nummer lautet 3790. Er ... die Nummer.	
(sich) ansehen, sieht an	Familie Jonosa vereinbart einen Termin mit dem Vermieter. Sie wollen sich die Wohnung	
(sich) melden	Herr Hoffmann wählt die Nummer 04 678901245. Der Vermieter .... sich.	
vorbeikommen, kommt vorbei	Herr Moreno möchte sich einen Gebrauchtwagen ansehen. Er findet in der Zeitung eine interessante Anzeige und ruft gleich bei dem Verkäufer an. Er macht mit dem Verkäufer einen Termin um 19.00 Uhr aus. Er ... ... und sieht sich die Wohnung an.	
nachsehen, sieht nach	Ich kenne den Weg nach Osterkappeln nicht. Ich ... bei Google Maps ... . Sie kennt das englische Wort für „Gespräch" nicht. Sie ... im Wörterbuch	
aussuchen, sucht aus	Herr Jonosa will eine 3-Zimmer-Wohnung finden. Er liest die Anzeigen in der Zeitung und ... eine Wohnung	
sparen	Herr Jonosa zahlt jeden Monat 50 € auf sein Sparkonto ein. Er ... das Geld für ein Auto.	
weiterschicken, schickt weiter	Frau Jonosa schreibt einen Brief an den Vermieter. Sie schickt den Brief an die Zeitung. Die Zeitung ... den Brief an den Vermieter	
verlegen	Einen Teppichboden oder einen Laminatboden oder Parkett muss man ...	
diskriminieren	Wenn nicht alle Menschen gleich sind, wenn man zu manchen Menschen nicht so gut ist wie zu anderen, dann .... man diese Menschen. In Deutschland ist das verboten.	
herunterladen, lädt herunter = download	Wenn man Fotos, Texte oder Programme aus dem Internet auf den eigenen Computer lädt, dann .... man sie	
hochladen, lädt hoch = upload	Wenn man Fotos ins Internet schickt, zum Beispiel auf eine Facebook-Seite, dann ... man sie	

Hören 45		Nomen
die Notwohnung, -en	Eine provisorische Wohnung, zum Beispiel für Asylbewerber.	
das Schlafzimmer, -	Vater und Mutter schlafen im	
das Kinderzimmer,-	Die Kinder spielen und schlafen im ...	
das Bad, Bäder oder: das Badezimmer, -	Die Familie wäscht sich im ...	

die Wohnungssuche (kein Plural)	Ich suche eine Wohnung. = Ich bin auf ...	
der Makler, -	Der ... sucht für mich eine Wohnung.	
die Maklerin, -innen	Die ... sucht für mich eine Wohnung.	
der Mieter, -	Herr Moreno hat kein Haus. Er wohnt in einer Wohnung und bezahlt jeden Monat an den Vermieter. Er ist der	
die Mieterin, -innen	Frau Moreno hat kein Haus. Sie wohnt in einer Wohnung und bezahlt jeden Monat an den Vermieter. Sie ist die ...	
die Monatsmiete, -n	Wie viel Miete zahlen Sie jeden Monat? - Die ... beträgt 900 € .	
die Anzeige, -n	Am Samstag und am Mittwoch stehen private ... in der Zeitung. Privatpersonen verkaufen Möbel, Musikinstrumente, Bücher, Kleidung, Gebrauchtwagen. Sie vermieten Wohnungen, Häuser, Garagen, Gärten, Ferienhäuser. Andere geben Musikunterricht oder Sprachunterricht. Jeden Tag stehen gewerbliche ... in der Zeitung. Gewerbliche ... nennt man auch Werbung.	
die Tageszeitung, -en	Eine Zeitung, die es jeden Tag neu gibt, ist eine ...	
der Akzent, -e	Sie spricht ein weiches russisches „le". Sie hat einen russischen	
der Stadtrand, -ränder	Um die Stadt herum liegt der ... . Die Dörfer neben der Stadt liegen am	
der Balkon, -e	Unsere Wohnung ist im ersten Obergeschoss. Im Sommer frühstücken wir nicht in der Wohnung, wir frühstücken dann gerne auf dem	
die Nebenkosten (kein Singular)	Die Wohnung kostet 700 € kalt. Wir bezahlen noch 150 € ... für Heizung, Wasser und Müll.	
die Kaltmiete, -n	Dier Miete ohne Nebenkosten heißt ...	
die Warmmiete, -n	Die Miete mit Nebenkosten heißt	
die Kaution, -en	Viele Vermieter möchten eine ... haben. Das sind ein, zwei oder drei Monatsmieten kalt. Die ... liegt auf einem Konto bis der Mieter wieder aus der Wohnung zieht. Wenn dann etwas kaputt ist, dann bezahlt der Vermieter die Reparatur mit der ... Wenn alles in Ordnung ist, dann bekommt der Mieter die ... wieder zurück.	
das Erdgeschoss, -e	Die Wohnung unten am Hauseingang liegt im	
das Obergeschoss, -e oder: der erste Stock / die erste Etage, der zweite Stock / die zweite Etage usw.. (Plural Stockwerke, Etagen)	Dieses Mietshaus hat sechs Wohnungen: Eine Wohnung im Erdgeschoss, zwei Wohnungen im ersten ..., , zwei Wohnungen im zweiten	
das Dachgeschoss, -e	... und eine Wohnung ganz oben im	
der Abstellraum, -räume	Das kleine Zimmer ist wie ein Schrank für Putzmittel und Vorräte. Das ist ein ...	
die Heizung, -en	In dieser Wohnung ist es kalt. Die ... ist kaputt.	
der Erstbezug, -bezüge	Ist die Wohnung neu oder komplett renoviert und Sie sind der erste Mieter, dann ist das ein	
der Neubau, -bauten	Ein neues Haus ist ein	

die Garage, -en	Das kleine Haus für das Auto ist eine	
die Tiefgarage, -en	Eine Garage für viele Autos unter der Straße oder unter dem Garten oder unter dem Haus ist eine	
der Stellplatz, -plätze	Ein offener Parkplatz für das Auto ist ein	
die Terrasse, -n	Wir wohnen im Erdgeschoss. Im Sommer sitzen wir nicht auf dem Balkon. Wir sitzen auf der	
die Loggia, -s	Ein kleiner Balkon mit einem Dach ist eine	
das Parkett (kein Plural)	(Material) Ein Boden aus Holz ist aus	
das Laminat (kein Plural)	(Material) Ein Boden der aussieht wie Holz, aber aus Kunststoff gemacht ist, ist aus	
der Teppichboden, -böden	Ein Boden aus Textil ist ein	
der Teppich, -e	Ein Stück Textil, das man auf den Boden legen kann, ist ein	
der Keller, -	Unter dem Haus liegt der	
der Aufzug, -züge / der LIft, -s	Ein Hochhaus mit 10 Stockwerken hat einen	
der Bauherr, -herren	Er baut und finanziert das Haus. Er ist der	
der Stadtbus, -busse	Herr Jonosa hat kein Auto. Er fährt mit dem	
das Haustier, -e	Viele Deutsche haben in der Wohnung einen Hund oder eine Katze. Das ist ein	
die Landschaft, -en	Die Natur in Süddeutschland ist anders als in Norddeutschland. Die ... ist anders.	
die Lage, -n	Das Haus liegt in schöner Landschaft. Das Haus liegt in landschaftlich schöner	
die Umgebung, -en	Am Stadtrand liegt ein See und ein großer Wald. Die Stadt hat eine schöne	
die Gartenbenutzung, -en	Wir dürfen im Garten sitzen und die Kinder dürfen dort spielen. Die ... ist erlaubt.	
die Abkürzung, -en	3 - ZKBB ist die ... für drei Zimmer, Küche, Bad, Balkon.	
der Einzugstermin, -e	Am 1. Mai ziehen wir in die Wohnung. Der ... ist der 1. Mai.	
die Tankstelle, -n	Benzin und Öl für das Auto bekommen wir an der	
die Traumwohnung, -en	Eine Wohnung, die ich mir sehr wünsche, ist eine	
die Chiffre, -n	In der Tageszeitung finden wir Anzeigen mit einer Telefonnummer oder anonym mit einer	
die Wohnungsbörse, -n	Eine Seite im Internet, auf der man Wohnungen mieten, vermieten, kaufen und verkaufen kann.	
die Suchmaschine, -n	Im Internet kann man zum Beispiel bei Google eingeben, was man sucht und bekommt dann Vorschläge. Wenn ich im Internet eine Wohnung suche, dann gebe ich erst einmal Suchwörter in die ... ein.	
die Eingabemaske	Die Zeile in der Suchmaschine, in die man Wörter hineinschreiben kann, nennt man	
das Gesetz, -e nach dem Gesetz	Jedes Land hat Regeln. Diese Regeln schreibt man in ein .. .	

„wohnungsmiete.de“	Diese Plattform gibt es nicht. Aber es gibt viele andere, die man mit Suchwörtern wie „Wohnung mieten“ finden kann.	
Hören 46		Andere Wörter
man	Die Menschen können in dieser Stadt gut leben. = ... kann in dieser Stadt gut leben.	
unterschiedlich	Das Auto für 2500 € ist alt und hat abgefahrene Reifen. Das Auto für 5 000 € hat neue Reifen und ist nicht so alt. Die beiden Autos sind	
sogar	In einer kleinen Stadt zahlen sie wenig Miete. Aber in einer Großstadt zahlen Sie für eine 3-Zimmer--Wohnung 1 500 € oder ... 3 000 €.	
genau	„Ich suche eine 3-Zimmer-Wohnung“ - „Was suchen Sie denn ...?“ - „Ich suche eine ruhige Wohnung am Stadtrand mit Balkon und landschaftlich schöner Lage.“	
ausländisch (der Ausländer, - / die Ausländerin - innen)	Er fährt kein deutsches Auto. Das Auto ist japanisch. Das ist ein .... -es Auto.	
ungefähr	Das Auto kostet genau 3 950 €. Das sind ... 4 000 €.	
interessant	Ich lese das Buch sehr gerne und lerne viel. Das Buch ist	
zuerst	Ich suche eine Wohnung. Ich lese ... die Anzeigen, dann telefoniere ich mit Vermietern und schreibe Briefe an Vermieter. Dann setze ich selbst eine Anzeige in die Zeitung. Wenn ich kein Glück habe, gehe ich zum Makler.	
zuzüglich	Die Miete beträgt 650 € ... 150€ Nebenkosten.	
immer	Die privaten Anzeigen sind jeden Mittwoch und jeden Samstag in der Zeitung. Sie sind ... mittwochs und samstags in der Zeitung.	
privat	nicht gewerblich, geschäftlich oder offiziell: ...	
auf Wunsch	wenn Sie es wollen: ...	
zentral	Die Wohnung liegt in der Stadt. Sie liegt ...	
kalt	1. Eis ist ... Im Winter ist es ... . 2. Die Wohnung kostet ohne Nebenkosten 900€. = Sie kostet 900€ kalt.	
warm	1. Suppe ist ... . Im Mai ist es ... 2. Die Wohnung kostet mit Nebenkosten 1250,00 €. Sie kostet 1250,00 € ...	
sofort	Sie können jetzt und heute in die Wohnung einziehen. SIe können ... einziehen.	
später	Sie können nicht jetzt einziehen. Sie können ... einziehen.	
gleich	Bitte warten Sie einen Moment. Ich komme ...	
besetzt	1. Herr Jonosa ruft an. Er hört ein kurzes tut-tut-tut. Es ist ... 2. Die Toilette ist geschlossen . Es ist ... 3. Darf ich hier sitzen? - Nein, dieser Platz ist ...	

praktisch	In dieser Tasche ist viel Platz und ich finde meine Sachen schnell. Diese Tasche ist ...	
niemand	Kein Mensch ist in der Wohnung. ... ist in der Wohnung.	
wegen (der Anzeige)	Warum rufen Sie an? Ich rufe ... der Anzeige an.	
tut mir leid	Entschuldigung = ...	
weg	1. Das Auto ist nicht vor der Haustüre. Es ist nicht da. Es ist ... 2. Ich möchte diese Wohnung mieten. - Tut mir leid. Ich habe schon einen Mieter. Die Wohnung ist schon...	
das ist schade	Guten Tag. Ist Herr Müller zu Hause. - Nein, tut mir leid. -	
traurig	Er hat keine Arbeit, keine Wohnung, keine Familie. Er lacht nicht mehr. Er ist	
normal	Die Wohnungssuche in Deutschland dauert lange. Das ist immer so. Das ist	
komfortabel	Das ist eine Luxuswohnung. Die Wohnung ist ...	
dort	Ich gehe in den Supermarkt und kaufe einen Liter Milch. Ich kaufe ... auch Gemüse ein.	
rechts	In Deutschland fahren die Autos ...	
links	Im Auto sitzt der Fahrer ...	
dringend	Ich muss schnell einen Brief an das Arbeitsamt schreiben. Es ist ...	
erreichbar	1. Ich bin um 20.00 Uhr zu Hause und höre das Telefon. Bitte rufen Sie mich um 20.00 Uhr an. Ich bin um 20.00 Uhr telefonisch ... 2. Ich gehe nur zwei Minuten zum Supermarkt. Der Supermarkt ist gut ...	

Abschnitt 2 Eine Wohnung mieten

Hören 47		Verben
klingeln	Das Telefon ... - Ich ... an der Tür.	
(sich) freuen (über)	Er sagt: „Oh, das ist aber schön! Wir bekommen eine Wohnung." - Er .... sich über die Wohnung.	
werden (ich werde, du wirst, er wird, wir werden, ihr werdet, sie werden)	Die Wohnung ist jetzt nicht frei, aber im nächsten Monat ... sie frei.	
besichtigen	Er will die Wohnung ansehen. = Er will die Wohnung ...	
aussteigen, steigt aus	Er hält vor dem Haus und ... (aus dem Auto)	
(es) gefällt (mir/dir)	Die Wohnung ist schön. Sie ... mir.	
hineinkommen, kommt hinein	Er steht vor der Tür und klingelt und fragt: „Darf ich ...?"	
summen	Die Türe öffnet sich automatisch. Wenn sie sich öffnet, dann ... sie.	
hereinkommen, kommt herein	Herr Moreno steht vor der Tür. Herr Jonosa öffnet und sagt: „... Sie ..."	
umziehen, zieht um	Die Wohnung wechseln und alle Möbel aus der alten Wohnung hinaustragen und in die neue Wohnung hineintragen. = ...	
passen	Das sieht schön aus! Die Stühle ... genau zu dem Tisch.	
einziehen, zieht ein	In eine neue Wohnung kommen und seine Möbel hineintragen = ...	
entfernen	Da ist Schmutz auf dem Teppich. Sie ... den Schmutz mit Putzmittel.	
auswechseln, wechselt aus	Das Waschbecken ist kaputt. Ich montiere ein neues Waschbecken. Ich ... das Waschbecken	
gehören (zu)	Waschbecken, Toilette, Fenster und Türen ... zu einer Wohnung.	
bleiben	1. Herr Jonosa fragt Frau Heimann: „... der Laminatboden oder nimmt Familie Koch den Boden mit?" 2. Frau Hoffmann kommt am Nachmittag zu Frau Jonosa. Am Abend sagt Frau Jonosa: „Essen Sie mit uns zu Abend? ... Sie noch ein bisschen!"	
hierbleiben	Aber Frau Hoffmann antwortet: „Vielen Dank, aber ich kann nicht ... , meine Familie wartet."	
zeigen	Frau Jonosa sagt zu Frau Moreno: „Kommen Sie mit. Ich ... Ihnen unsere neue Wohnung."	
ersetzen	auswechseln = ...	
aussehen, sieht aus	Sie sehen die neue Wohnung und sagen: „Oh, die Wohnung ... aber schön ..."	
ausziehen, zieht aus	aus der alten Wohnung ziehen und alle Möbel heraustragen: ...	
(sich) verabschieden	Ich sage: „Auf Wiedersehen." Ich ... mich.	

Hören 48		Nomen
das Ehepaar, -e	Herr und Frau Moreno sind verheiratet. Sie sind ein ...	
der Nachmieter, -	Er zieht aus der alten Wohnung aus. Ein anderer Mieter zieht in die Wohnung ein. Der neue Mieter ist der ...	
der Spielplatz, -plätze	Die Kinder spielen draußen auf einem ...	
die Wohngegend, -en	Die Straßen und Plätze in der Nähe der Wohnung sind die	
die Sprechanlage, -n	In vielen Wohnungen gibt es ein besonderes „Telefon" in der Wohnung. Damit kann ich mit den Menschen telefonieren, die an der Haustüre klingeln. Das ist eine ...	
der Eingang, -gänge	Die Türe des Hauses ist der ...	
die Eingangstüre, -n/ Haustüre, -n	oder die	
die Klingel, -n	An jeder Haustüre ist eine ...	
der Türöffner, -	Ich drücke in der Wohnung auf einen Knopf und die Türe öffnet sich automatisch. Das ist der ...	
die Angst, Ängste	Das Kind ist nachts alleine. Es schreit. Es hat ...	
der Hund, -e		
der Schmutz (kein Plural)	Die Wohnung ist nicht sauber. Da ist ... auf dem Boden.	
der Lärm (kein Plural)	Die Straße ist laut. Die Kinder schreien. Autos fahren, Hunde bellen: Da ist ... auf der Straße.	
der Wasserhahn, -hähne	Im Badezimmer ist ein Waschbecken. Aus dem ... kommt das Wasser.	
die Toilette, -n	WC = ... (umgangssprachlich auch: „das Klo")	
der Urinstein (kein Plural)	gelbe Ablagerungen in der Toilette	
der Herd, -e	In der Küche kocht man auf einem ...	
die Spüle, -n	In der Küche spült man das Geschirr in der ...	
die Möbel (Plural), das Möbelstück (SIngular)	Tische und Stühle sind...	
der Mietvertrag, -verträge	Ich möchte die Wohnung mieten. Ich mache mit dem Vermieter einen ...	
das Übergabeprotokoll, -e	Bevor ich einziehe, gehe ich noch einmal mit dem Vermieter durch die Wohnung. Wenn etwas kaputt ist, dann schreiben wir das in das ...	
das Monatsende, -n	Der 30. oder der 31. im Monat ist das ...	
die Übergabe, -n	Bevor ich einziehe, gehe ich noch einmal mit dem Vermieter durch die Wohnung, wir machen das Übergabeprotokoll und ich bekomme den Schlüssel. Dieser Termin ist die ...	
die Visitenkarte, -n	Manche Menschen haben kleine Kärtchen mit Namen, Adresse und Telefonnummer. Diese Karten nennt man ...	

Hören 49		Andere Wörter
frei	1. Dieser Platz ist nicht besetzt. Der Platz ist ... 2. Die Toilette ist nicht besetzt, Die Toilette ist ... 3. Haben Sie einen Nachmieter oder ist die Wohnung noch...?	
berufstätig	Sie geht zur Arbeit, Sie ist ...	
selbstverständlich	Ja, natürlich. = ...	
hübsch	ein schöner Mensch = ein ... Mensch	
schlecht	Es gibt gute und ... Wohngegenden. Diese ist ... Hier ist viel Lärm und Schmutz.	
oben	Das Dachgeschoss liegt ...	
unten	Das Erdgeschoss liegt ...	
jung	Sie ist erst siebzehn und heiratet schon. - Ach, sie ist aber ...	
glücklich	Er freut sich. Er ist ...	
deshalb	Warum zieht Familie Koch aus der Wohnung? - Herr Koch hat eine gute Arbeit in Hannover, ... müssen sie nach Hamburg ziehen.	
abgenutzt	Viele Menschen sitzen jeden Tag auf diesem Stuhl. Jetzt sieht der Stuhl ... aus.	
außerdem	und auch = ...	
kalkhaltig	Weiße Ablagerungen vom Wasser im Waschbecken sind Kalk. Wasser mit viel Kalk ist ...	
sauber	Hier ist kein Schmutz im Bad. Das Bad ist ...	
hell	In der Wohnung sind sehr viele große Südfenster. Die Wohnung ist ...	
sowieso	„Warum putzt du jetzt die Wohnung? Wir bekommen heute Gäste. Morgen musst du ... noch einmal putzen."	
Hören 50		**Ausdrücke**
zur Zeit	Wir fragen den Makler:"Haben Sie eine Wohnung für eine Familie mit drei Kindern?"-"Nein, tut mir leid. ... haben wir nur kleine Wohnungen für ein bis zwei Personen."	
in der Nähe	Er wohnt in einer schöne Wohngegend. Er möchte aber eine neue Wohnung. Die Wohnung soll in der schönen Gegend sein. Er sucht eine Wohnung ... seiner jetzigen Wohnung.	
wir sind da	wir kommen jetzt an = ...	
macht nichts	1. „Oh Entschuldigung." - „...." 2. „Die Wohnung ist leider sehr klein für eine so große Familie." - „Ach ... - Eine Wohnung ist eine Wohnung."	

Abschnitt 3 Der Umzug

Hören 51		Verben
sammeln	Sein Hobby ist Briefmarken ...	
einpacken, packt ein	Frau Moreno kauft ein Buch. Die Verkäuferin fragt: „Wollen Sie eine Tüte? Soll ich das Buch ...?“	
einwickeln, wickelt ein	Frau Jonosa kauft neue Gläser. Die Verkäuferin ... die Gläser in Papier ...	
schrauben	Herr Jonosa nimmt die Regale von der Wand. Er ... die Regale von der Wand.	
ausstecken, steckt aus	Er ... das Radio ... und nimmt es mit.	
zusammenlegen, legt zusammen	Sie wäscht die Wäsche, bügelt sie, ... sie ... und legt sie in den Schrank.	
stapeln	Im Supermarkt ... die Verkäuferin Dosen in die Regale.	
hierlassen, lässt hier	Familie Jonosa nimmt den Teppich nicht mit. Sie ... den Teppich	
verschenken	Familie Jonosa muss den Teppich nicht bezahlen. Familie Koch ... den Teppich.	
laden, lädt	Der Arbeiter ... Kisten in den Transporter.	
zurückfahren, fährt zurück	Er nimmt einen Mietwagen. Abends ... er den Mietwagen ...	
sortieren	Sie räumt auf und ... die Bücher nach dem Alphabet.	
Hören 52		**Nomen**
der Karton, -s	Der Verkäufer im Supermarkt nimmt die Lebensmittel aus dem ... und stellt sie in die Regale.	
der Gaskocher, -	Ein kleiner Gasherd ist ein ...	
die Kirche, -n	Die Christen haben ... - Am Sonntag gehen sie in die ...	
die Gemeinde, -n	Das Amt eines Dorfes oder einer Stadt ist die ...	
der Wohnsitz, -e	Meine Adresse ist mein ...	
die Staatsangehörigkeit, -en	Er hat einen deutschen Pass. Seine ... ist deutsch.	
die Zweitwohnung, -en	Sie ist Studentin in Hamburg. Sie hat zwei Wohnungen. Sie wohnt bei Vater und Mutter in Kiel und in ihrer Studentenwohnung in Hamburg. Ihre ... liegt in Hamburg.	
der Familienangehörige	Verwandte sind....	
die Meldebescheinigung, -en	Familie Jonosa meldet ihre neue Wohnung an. Ihr Wohnsitz ist jetzt bei der Gemeinde gemeldet. Sie können eine .... von der Gemeinde bekommen.	
die Aufenthaltsgenehmigung, -en	Wenn man Ausländer ist, braucht man eine ...	
das Datum, die Daten	Tag, Monat und Jahr ist ein ... Zum Beispiel: 24. 05. 2020	
der Zuschuss. ü-e	Man bekommt nicht die ganze Miete vom Wohngeldamt, aber man bekommt ein bisschen etwas. Man bekommt einen ...	

die Papiere (Plural)	Personalausweis: Pass oder Aufenthaltsgenehmigung oder Führerschein und Fahrzeugpapiere sind ...	

Das Geschirr

der Teller, -
die Tasse, -n
die Schüssel, -n
das Glas, Gläser
der Topf, Töpfe
die Pfanne, -n
das Besteck (kein Plural)
das Messer, -.
die Gabel, -n
der Löffel, -n

Möbel

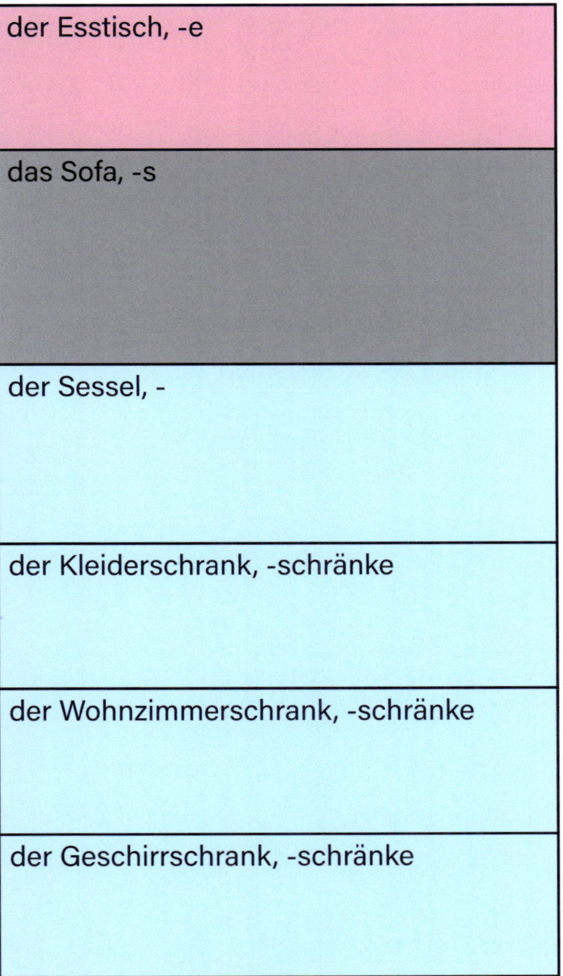

der Esstisch, -e
das Sofa, -s
der Sessel, -
der Kleiderschrank, -schränke
der Wohnzimmerschrank, -schränke
der Geschirrschrank, -schränke

Die Kleidung

das Kleid, -er
der Rock, Röcke
die Bluse, -n

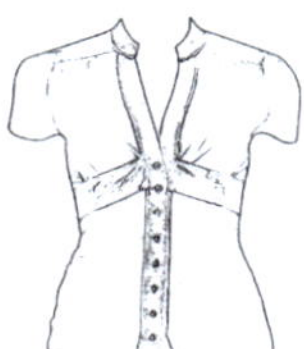

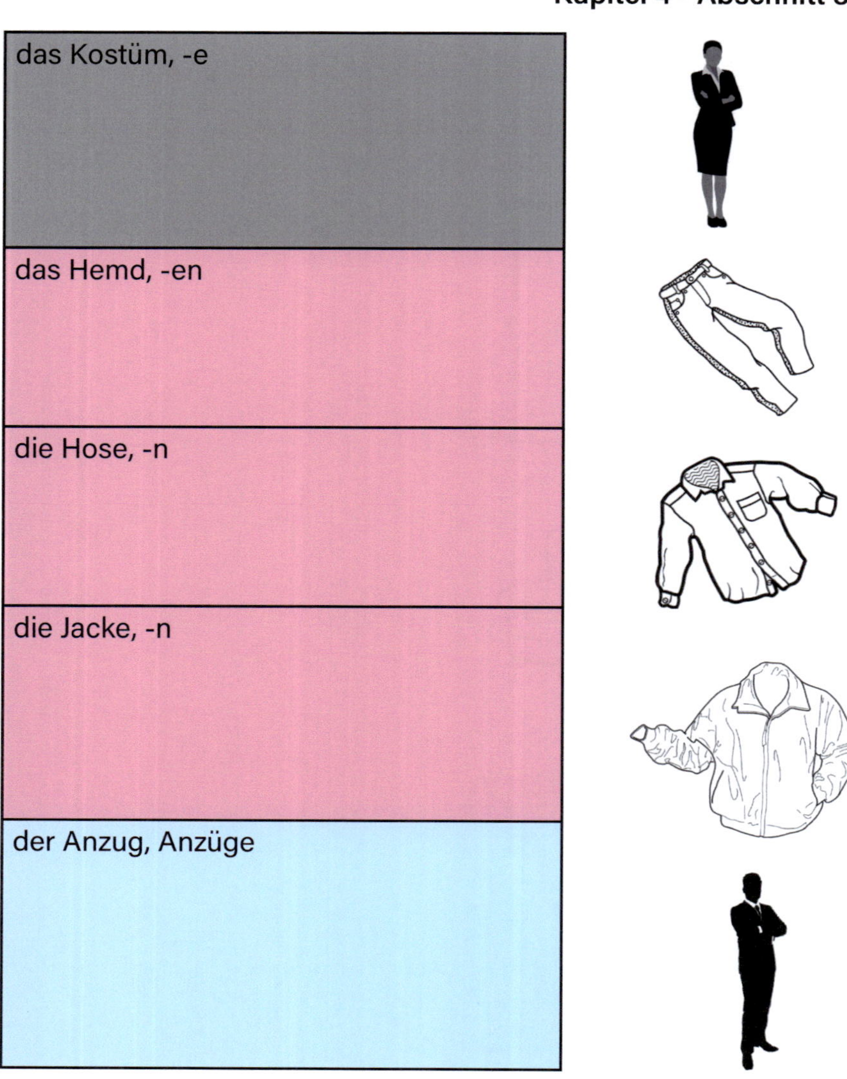

Hören 53		Andere Wörter
endlich	Ich warte eine Stunde. ... kommt er.	
durcheinander	Er muss seine CDs sortieren. Sie sind ...	
bisherig	Sie haben eine neue Wohnung, Die alte Wohnung ist die ... Wohnung.	
zu hoch	Bimata kommt nicht an ihre Bücher. Die Regale hängen ...	
geboren	Wann ist Herr Jonosa ...?	
vorher	Frau Jonosa geht einkaufen. ... geht sie zur Bank und holt Geld.	

Abschnitt 4 Die Wohnungseinweihung

Hören 54		Verben
einweihen, weiht ein	Familie Jonosa hat eine neue Wohnung. Sie machen ein Fest und feiern die neue Wohnung. Sie ... die Wohnung ...	
überreichen	Herr Moreno gibt Frau Jonosa Blumen. Er ... die Blumen.	
schenken	Zum Geburtstag gibt Frau Jonosa ihrem Sohn ein Fahrrad. Sie ... ihm ein Fahrrad.	
tanzen	Auf Partys kann man ...	
reisen	Mit der Bahn, mit dem Auto, mit dem Bus oder mit dem Flugzeug kann man ...	
buchen	Im Reisebüro kann man ein Hotelzimmer und eine Fahrkarte bestellen. Man kann also eine Reise	
musizieren	Mit der Gitarre, mit der Flöte, mit der Geige oder mit dem Klavier kann man ...	
renovieren	Alle Möbel kann man neu machen. Man kann sie ...	
rauchen	Eine Zigarette, eine Zigarre, eine Pfeife kann man ...	
Hören 55		**Nomen**
der Grundriss, -e	Der Architekt macht einen Plan.- Man sieht auf dem Plan den ... einer Wohnung oder eines Hauses.	
die Wohnungseinweihung, -en	Wir haben eine neue Wohnung. Wir machen ein Fest. Das ist eine	
die Garderobe, -n	Ein Möbelstück für Jacken, Mäntel, Hüte ist eine ...	

Weitere Gegenstände aus dem Alltag

der Schuh, -e	
das Tanzkleid, -er	
das Musikinstrument, -e	
das Klavier, -e	
die Geige, -n	
die Flöte, -n	
die Gitarre, -n	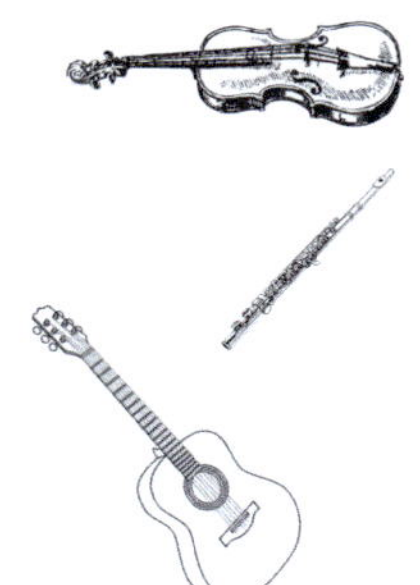

der Auto-Kindersitz	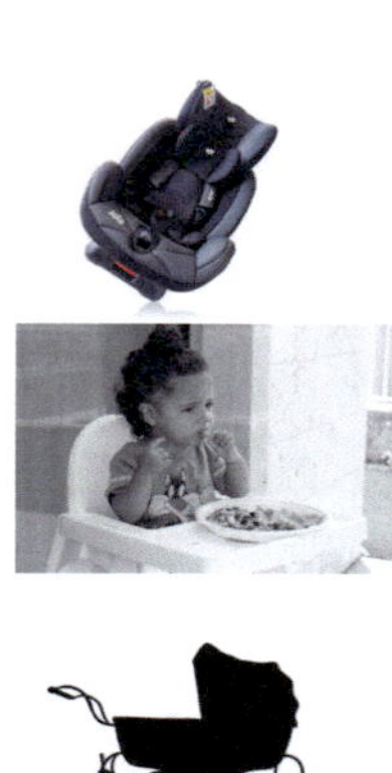
der Kinderstuhl, -stühle	
der Kinderhochstuhl	
der Kinderwagen	
das Werkzeug, - e	
das Holz, Hölzer	
die Zimmerpflanze, -n	
die Topfpflanze, -n	
der Übertopf, -töpfe	
der Schmuck	
der Ring, -e	
die Halskette, -n	
der Armreifen, -	
das Briefpapier, -e	
der Briefumschlag, -umschläge	
die Zigarette, -n	
die Zigarre, -n	
die Pfeife, -n	
das Feuerzeug, -e	
das Zündholzm -hölzer	
die Kerze, -n	

Hören 56		Andere Wörter
silbern	Material für Schmuck ist Silber. Dieser Schmuck ist ...	
golden	Material für Schmuck ist Gold. Dieser Schmuck ist ...	
		Ausdrücke
lassen Sie es sich schmecken	= guten Appetit! (Sie)	
lass es dir schmecken	= guten Appetit! (du)	

Kapitel 5 Arbeit

Abschnitt 1 Wo oder wohin?

Hören 57 Wechselpräpositionen

	Mit Akkusativ auf die Frage: Wohin? Achten Sie auf das Verb!	**Mit Dativ auf die Frage: Wo? Achten Sie auf das Verb!**	
in	Ich lege die Wäsche in den Schrank. Er stellt sein Auto in die Garage. Wir setzen uns in die Küche. Wir gehen in das Konzert.	Jetzt liegt die Wäsche im Schrank. Jetzt steht sein Auto in der Garage. Jetzt sitzen wir in der Küche. Dann sind wir im Konzert.	
an	Sie hängt das Bild an die Wand. Wir setzen uns an den Tisch. Sie kommen an den See. Ich fahre gern ans Meer. Du reist an die Ostsee. Ich wandere an den Rhein.	Das Bild hängt an der Wand. Wir sitzen am Tisch. Sie bleiben heute am See. Ich liege gerne am Meer. Rostock liegt an der Ostsee. Bonn liegt am Rhein.	
auf	Soll ich das Essen auf den Tisch stellen? Das Kind läuft auf die Straße.	Nein, das Essen steht schon auf dem Tisch. Auf der Straße ist es gefährlich.	
über	Die Bahn fährt über die Brücke. Er springt über den Stuhl. Wir laufen über die Straße.	Die Brücke hängt über dem Fluss. Die Jacke hängt über dem Stuhl. Die Brücke hängt über der Straße.	
unter	Die Katze läuft unter das Bett. Er legt einen Teppich unter den Tisch.	Eine Maus sitzt unter dem Bett. Nun liegt der Teppich unter dem Tisch.	
vor	Am Dienstag stellen wir den Mülleimer vor das Haus.	Dienstagabends steht unser Mülleimer vor dem Haus.	
hinter	Er geht hinter das Haus. Ich stelle das Fahrrad hinter das Haus.	Ich sitze hinter dem Haus. Das Fahrrad steht hinter dem Haus.	
neben	Sie legt die Gabel neben das Messer. Setzen Sie sich doch neben mich.	Die Gabel liegt neben dem Messer. Niemand sitzt neben mir.	
zwischen	Er setzt sich zwischen das Haus und den Garten.	Er sitzt zwischen dem Haus und dem Garten.	

Hören 58 Verben

Manche Verben gehen mit Präposition, manche gehen mit „sich“, manche gehen mit Präposition und „sich“.
Lernen Sie die Verben immer zusammen mit der Präposition und/oder mit „sich“!

parken	Das Auto auf einen Platz abstellen.=...	
(sich) durchfragen, fragt (sich) durch	Ich weiß den Weg nicht und frage die Leute auf der Straße. = Ich .... mich ...	
vorbeigehen, geht vorbei	Die Kirche ist auf meinem Weg. Ich ... an der Kirche	
hängen	1. Das Bild ... an der Wand. 2. Ich ... das Bild an die Wand.	
vertreten	Die Sekretärin ist in Urlaub. Ihre Kollegin macht solange ihre Arbeit. = Sie ... die Sekretärin.	

(Termin) vereinbaren, vereinbart / (Termin) ausmachen, macht aus	„Können sie um 14.00 Uhr?" fragt der Beamte. Der Kunde antwortet: „Ja, das geht." = Sie ... einen Termin um 14.00 Uhr.	
verfolgen	1. Den Weg auf dem Stadtplan ... 2. Einen Dieb ...	
beschreiben	Er erklärt ihr den Weg. Er ... den Weg.	
schaffen	1. Die Prüfung ist schwer, aber ich ... das. 2. Der Künstler ... ein Kunstwerk.	
führen	1. Hinter dem Haus ist ein Garten. Ein kleiner Weg ... in den Garten. 2. Der Blindenhund ... den Blinden.	
weitergehen, geht weiter	1. Die zwei Frauen stehen auf der Straße und sprechen, dann ... sie ... 2. Sie fragt sich: Was mache ich nach dem Sprachkurs? = Wie ... es nach dem Kurs ...?	
recherchieren	Ich habe eine Frage und suche im Internet eine Antwort. Ich ... im Internet.	
präsentieren	Ich halte einen Vortrag und erkläre etwas. Ich	
anlegen	1. Man kann einen Garten ..., also Blumen und Bäume pflanzen. 2. Bei Facebook kann man ein Profil ... 3. Wer Geld hat, kann es in Aktien ... und darauf hoffen, dass er dabei Geld gewinnt.	
pflegen	Man kann seine Haare ..., indem man sie wäscht. Man kann sein Profil im Computer ..., indem man Informationen aktualisiert.	
(sich) bewerben (auf)	In der Firma gibt es eine Arbeit. Ich möchte diese Arbeit bekommen und melde mich dort. Ich ... mich auf diese Arbeit.	
erhalten	bekommen = ...	
fragen (nach)	Er ... nach dem Weg.	
Hören 59		**Nomen**
das Jobcenter, -	Wenn jemand Arbeit sucht, geht er in das ...	
der Job, -s	die Arbeit = ...	
die Richtung, -en	Soll ich nach links oder nach rechts oder geradeaus fahren? = In welche ... soll ich fahren?	
die Innenstadt, -städte das Stadtzentrum, -zentren	Die Mitte einer Stadt nennt man ... oder	
das Gebäude, n	Große Häuser nennt man ...	
die Universität, -en	In der ... kann man einen akademischen Beruf lernen, man studiert und forscht dort.	
die Bibliothek, -en / die Bücherei, -en	Ein Gebäude, in dem man sich Bücher ausleihen kann. = ...	
das Lieblingsbuch, -bücher	Das Buch mag ich sehr! = Das ist mein ...	
der Student, -en	Ein Mann, der an der Universität studiert ist ein ...	
die Studentin, -innen	Eine Frau, die an der Universität studiert, ist eine...	
die Ferien (nur Plural)	Schüler und Studenten haben ...	

die Zeitarbeit, -en	Eine Arbeit für ein paar Monate nennt man ...	
die Tätigkeit, -en	Eine Arbeit = eine ...	
die Stelle, -n	Eine Arbeit = eine ...	
die Aushilfstätigkeit, -en	Eine Tätigkeit nur für kurze Zeit, wenn jemand weg ist oder wenn eine Firma sehr viel zu tun hat, ist eine	
die Vertretung, -en	Wenn jemand für eine Zeit weg ist, dann sucht die Firma eine ...	
die Schwangerschaft, -en	Eine Frau, die ein Baby bekommt, ist 9 Monate in ...	
der Mutterschutz	Kurz bevor das Baby kommt und ein Jahr danach arbeitet eine Mutter nicht. Sie ist in	
die Elternzeit, -en	Väter und Mütter, die zu Hause beim Baby bleiben, haben.	
die Firma, Firmen	Eine ... produziert und/oder verkauft Waren.	
die Saisonarbeit, -en	Wenn eine Firma in einer bestimmten Zeit besonders viel produzieren muss, dann braucht sie Aushilfen für die ...	
die Bushaltestelle, -n	Der Bus hält an der ... und nimmt dort die Leute mit.	
die Fußgängerunter-führung, -en	Unter der Straße ist eine Passage. Dort kann man von der einen Straßenseite zu der anderen kommen. Das ist eine...	
das Straßenschild, -er	Der Name der Straße steht auf dem ...	
der Parkplatz, -plätze	Das Auto kann man auf einem ... parken.	
der Weg, -e	1. Eine kleine Straße ist ein ... 2. Die Richtung oder die Route, auf der ich gehe oder fahre, ist ein ... - Herr Moreno fragt nach dem	
die Bahnlinie, -n	Der Weg, auf dem die Bahn fährt, ist die ...	
die Brücke, -n	Über dem Fluss ist eine Straße. Das ist eine ...	

 **Hören 60**

Wichtige Gebäude einer Stadt

das Rathaus, -häuser	
die Stadtverwaltung, -en	
die Kirche, -n	
der Dom, -e	
die Moschee, -n	
die Synagoge, -n	
das Schloss, Schlösser	
das Museum, Museen	
das Theater, -	
das Kino, -s	
der Bahnhof, -höfe	
die Stadtbibliothek, en die Stadtbücherei, -en	
die Polizei(wache, -n)	
das Kulturamt, -ämter	
das Gesundheitsamt	
das Finanzamt	
die Stadtwerke (Plural)	

das Gericht, -e	
die KFZ-Zulassungsstelle	
die Schule, -n	
die Kita, -s	
das Altenheim, -e	
das Krankenhaus, -häuser	
das Hotel, -s	
die Jugendherberge, -n	
die Tafel, -n	

Hören 61		Andere Wörter
zunächst	Erst gehe ich zum BIZ, dann zum Jobcenter.= Ich gehe ... zum BIZ.	
arbeitslos	Wer keine Arbeit hat, ist ...	
befristet	Eine Stelle, bei der ich von einem bestimmtem Datum bis zu einem anderen Datum arbeite, ist ...	
jemand	Das Amt ist geschlossen. Ist ... da? - Nein, niemand.	
krank	Wenn ich nicht gesund bin, dann bin ich ...	
kaum	nur ein bisschen., fast nichts = ...	
kurzfristig	Ich habe Zeit. Kann ich ... kommen?	
zusätzlich	Manche Leute haben zwei Jobs. Sie arbeiten tagsüber und ... noch am Abend.	
weit	Wenn ich lange gehen muss, dann ist der Weg ...	
schwer	1. Wenn ich viel tragen muss, dann ist das ... 2. Wenn ich kompliziert denken muss, dann ist das ... oder schwierig, also nicht einfach.	
geradeaus	Ich gehe nicht rechts, nicht links, ich gehe ...	
vorne	Vor meinen Augen ist ...	
hinten	In meinem Rücken ist ...	
einfach	nicht schwierig, nicht kompliziert, nicht schwer = ...	
klein	Der Mann ist nur 1,60 m, also ist er ...	
neu	Ich kaufe ein Auto. Es ist ...	
laut	Ich höre nichts. Die Maschine ist so ...	
noch einmal	Ich gehe zum Amt und am nächsten Morgen gehe ich wieder zum Amt. Ich gehe ...	
meistens	Kommt der Bus heute pünktlich? - Ich weiß es nicht. fast jeden Tag, also ... ist er pünktlich.	
nun	jetzt = ...	
		Ausdrücke
keine Ahnung	Ich weiß das nicht. = Ich habe ...	
keine Ursache	Das macht nichts, das mache ich doch gerne. = ...	
Ich bin von hier	Ich wohne und lebe hier oder komme von hier. Ich kenne mich hier aus. = ...	
zu Fuß	gehen = den Weg ... machen	

		Fragewörter
Wo?	... ist das Rathaus?- Es ist in der Marktstraße.	
Wohin?	... geht Herr Jonosa? - Er geht zum Rathaus.	
Warum?	... geht Herr Jonosa zum Rathaus? - Er möchte seine neue Wohnung anmelden.	
Wozu?	... braucht man einen Reisepass. - Man braucht ihn zum Reisen.	
Wie lange?	... geht man zum Rathaus? - Etwa 20 Minuten.	

Abschnitt 2 - Im Berufsinformationszentrum

Hören 62	Präpositionen mit Akkusativ	
durch	1. Sie gehen durch den Garten. Ich schaue durch das Fenster. 2. Durch die Hilfe meines Freundes bin ich wieder gesund.	
um	1. Abends sitzt die ganze Familie um den Tisch und isst. 2. Er sucht einen Parkplatz und fährt eine halbe Stunde um die Häuser herum. 3. Sie spielt um ihr ganzes Geld. 4. Hier geht es um Leben oder Tod. 5. Sie bewirbt sich um eine Stelle.	
gegen	1. Er schlägt gegen die Tür. Der Autofahrer fährt gegen den Baum. 2. Sie hat Schmerzen. Sie nimmt Tabletten gegen die Schmerzen. 3. Der Arzt ist gegen das Rauchen. Die Politiker sind gegen die Korruption.	
für	1. Für wen sind die schönen Blumen? Die Blumen sind für den Herrn. 2. Die Demonstranten sind gegen die Arbeitslosigkeit und für die Beschäftigung aller.	
ohne	1. Sie kann ohne ihren Mann nicht leben und er kann ohne seine Frau nicht leben. 2. Wir kommen ohne Wohnung, ohne Auto, ohne Arbeit, ohne Geld und ohne Sprache nach Deutschland.	
entlang	1. Er fährt die Straße entlang, dann geht er den Weg entlang. **Oder mit Genitiv:** Er fährt entlang der Straße, dann geht er entlang des Weges.	

	Die Präposition „bis"	
bis	1. Er fährt bis Hamburg. 2. Er fährt bis in die Stadt. Er fährt bis zum Bahnhof. 3. Alle bis auf ihren Mann sind hier. 4. Er fährt bis vor den Bahnhof.	

Hören 63	Verben	
erlernen	Sie möchte einen neuen Beruf haben. Zuerst muss sie den Beruf ...	
anerkennen, erkennt an (anerkannt)	Er ist Bauingenieur, aber er hat ein syrisches Diplom. Er lässt sein Diplom in Deutschland ... - Das Diplom ist jetzt in Deutschland anerkannt. Jetzt kann er als Bauingenieur arbeiten.	

nutzen	Das BIZ bietet Informationen zu seinem Beruf. Er geht zum BIZ und informiert sich. Er ... das Angebot des Arbeitsamts.	
(sich) (etwas) ansehen, sieht an	Im Fernsehen gibt es einen schönen Film. Er möchte sich den Film ...	
testen	etwas versuchen = etwas ...	
erfahren	etwas Neues kennen lernen = ...	
veralten (veraltet)	Die Informationen aus einer 10 Jahre alten Broschüre sind nicht mehr gültig. Sie sind ...	
abfragen, fragt ab	1. Sich Informationen am Computer suchen: ... 2. In der Schule ... der Lehrer die Kinder ..., wenn er nach dem Wissen der Kinder fragt.	
heraussuchen, sucht heraus	Wenn ich bestimmte Informationen haben will, dann muss ich sie ...	
ausbilden, bildet aus	Die Firma hat Leute, die einen Beruf erlernen. Sie ... die Leute	
fortbilden, bildet fort	Sie ist Sekretärin. Die Firma arbeitet mit einem neuen Computerprogramm. Sie kann noch nicht mit diesem Programm arbeiten. Sie macht also einen Kurs. Sie ... sich	
umschulen, schult um	Sie ist Buchhalterin. Sie möchte aber jetzt in Deutschland als Kindergärtnerin arbeiten. Sie	
(sich) informieren (über)	Wenn ich etwas über einen neuen Beruf wissen möchte, kann ich mich im BIZ ... . Ich erfahre dann etwas über den neuen Beruf.	
(sich) bewerben (um)	Wenn ich eine Arbeit haben möchte, muss ich mich bei einer Firma ... eine Stelle...	
dazulernen, lernt dazu	fortbilden = ...	
einscannen, scannt ein	Mit einem Scanner kann man Bilder und Texte ...	
ausdrucken, druckt aus	Mit einem Drucker kann man Bilder und Texte ...	
verbessern	Hier ist ein Fehler! - Der Lehrer ... den Schüler.	
(jemanden) überzeugen (mit Akkusativ- Pronomen)	Ich möchte nicht spazieren gehen, aber meine Freundin ... mich und ich gehe doch mit.	
Hören 64		Nomen
die Information, -en	Sie infomieren sich beim BIZ. Sie bekommen viel ...	
die Berufsanerkennung, -en	Wenn ihr ausländischer Berufsabschluss anerkannt ist, bekommen Sie eine ...	
die Vorschrift, -en	Eine ... bestimmt, wie schnell man in der Stadt fahren darf. Das ist eine Verkehrs...	
die Arbeitsweise, -n	Er arbeitet langsam aber genau. Seine ... ist langsam aber genau.	
die Arbeitswelt, -en	Die ... eines Landes ist: Alle Menschen, die arbeiten, ihre Arbeitsplätze, ihre Arbeitsweisen, ihre Arbeitsvorschriften.	
die Fortbildung, -en	Er bildet sich fort. = Er macht eine ...	
der Fortbildungskurs, -e	Er macht einen Englisch-, einen Computer- und einen Kostenrechnungs-Kurs. Er macht drei ...	
die Umschulung, -en	Wenn Sie eine ... machen, dann haben Sie schon einen Beruf und lernen jetzt einen ganz neuen Beruf.	

der Arbeitsberater, -	Ein ... hilft mir bei der Suche nach einer neuen Arbeit. Er berät mich über Fortbildung, Umschulung, Weiterbildung.	
die Arbeitsberaterin, -nen	Die ... macht dasselbe wie der Arbeitsberater.	
die Region, -en	Die Stadt und die Umgebung einer Stadt ist eine ...	
das Studium (kein Plural) (Plural: Studiengänge)	Wenn man an einer Universität lernt, dann macht man ein ...	
die Anforderung, -en	Alles, was Sie in Ihrem Beruf machen müssen, sind die .... en ihres Berufes.	
die Weiterbildung, -en	Wenn Sie eine ... machen, dann arbeiten sie tagsüber und lernen abends oder ein paar Tage pro Woche Die ... bringt Sie in der Karriere weiter.	
die Entwicklung, -en	Wenn etwas anders wird, dann ist das eine ... Zum Beispiel: Die ... des Wohnungsmarktes. Die Mieten steigen und es gibt wenige Wohnungen, oder die Mieten sinken und es gibt viele Wohnungen.	
der Arbeitsmarkt, -märkte	Die offenen Stellen und die Arbeitssuchenden sind der ...	
die Öffnungszeit, -en	In Deutschland öffnen die meisten Geschäfte zwischen 8.00 und 10.00 Uhr. Sie schließen zwischen 18.00 und 19.00 Uhr. Das sind die .... in Deutschland.	
das Angebot, -e	In Deutschland gibt es ein großes ... an Waren.	
der Service (kein Plural)	Der ... ist eine Hilfe, ein Dienst.	
die Mappe, -n	In eine ... kann man Papiere hineinlegen.	
die Beschreibung, -en	Eine Sekretärin gibt ein kurze ... ihrer Tätigkeit: „Ich schreibe Briefe, vereinbare Termine, telefoniere und organisiere."	
der Verdienst, -e	Der ... ist das Geld, das Sie für die Arbeit bekommen.	
die Verdienstmöglichkeit, en	Die ... ist das Geld, das Sie normalerweise in Ihrem Beruf bekommen.	
der Arbeitsplatz, -plätze	Der ... ist da, wo ich arbeite.	
das Stellenangebot, -angebote	In der Zeitung findet man ... von Firmen und man kann sich bewerben.	
das Bildungsangebot	Das Angebot an Weiterbildung, Fortbildung und Umschulung ist das	
die Bewerbung, -en	Wenn ich mich um eine Stelle bewerbe, schreibe ich eine ...	
die Bewerbungsunterlagen (Plural)	Die Zeugnisse und alles, was ich für eine Bewerbung in eine Mappe lege, sind die ...	
das Vorstellungsgespräch, -e	Wenn sich eine Firma für einen Bewerber interessiert, dann lädt er ihn zu einem ...	
die Datenbank, -bänke	Der Computer sammelt Daten zentral in einer ...	
die Beschäftigung, -en	die Arbeit = ...	
die Aussicht, -en	Als Krankenschwester hat man in Deutschland eine gute ... auf Beschäftigung.	
die Möglichkeit, -en	Als Arzt hat man auch die ... auf dem Gesundheitsamt zu arbeiten.	
die Literaturliste, -n	Eine Liste mit Buchtiteln ist eine ...	
das Zeugnis, -nisse	Schüler bekommen jedes Schuljahr ein ...	
der Eignungstest, -s	Manche Firmen checken ihre Bewerber. Sie machen einen ...	

die Technik, -en	Wie man etwas macht, ist eine ...	
die Stelle, -n	Die Arbeit = die ...	
die Ausbildungsstelle, -n	Wenn man einen Beruf lernen möchte, also eine Berufsausbildung macht, braucht man eine ...	
die Verwaltung, -en	Das Rathaus verwaltet die Stadt. Das ist die ... der Stadt.	
die Bildungsstätte, -n	Die Schule ist eine ...	
die Chance, -n	Mit einer guten Ausbildung hat man eine ... auf dem Arbeitsmarkt.	
die Theke, -n	1. In einer Bar kann man an der ... ein Getränk bestellen. 2. Beim BIZ gibt es eine Infotheke. Man kann dort Informationen bekommen.	
der Workshop, -s	Ein Kurs ist ein ...	
das Seminar, -e	Ein Kurs ist ein ...	
der Vortrag, -träge	Bei einem ... spricht einer vor einem Publikum.	
die Absage, -n	Ich habe diese Stelle nicht bekommen. = Ich habe eine ... bekommen.	
der Trick, -s	Ich habe keine Idee, wie man diese Flasche öffnen kann. Gibt es einen ...?	
die Branche, -n	Es gibt verschiedene Arbeiten. Man nennt sie ..., zum Beispiel die Baubranche oder die Gesundheitsbranche.	
die Messe, -n	Auf einer ... stellt man Waren aus. Die Menschen kommen und informieren sich über die Waren. Aber es gibt auch Berufs... - Da kann man Berufe und Firmen kennen lernen.	
die Fachkraft, -kräfte	Wer eine Ausbildung hat, ist eine ...	
der Erfolg, -e	Wer eine Stelle findet, der hat ...	
Hören 65		Andere Wörter
anders	Die Arbeit einer Sekretärin ist nicht wie die Arbeit einer Buchhalterin. Sie ist ...	
beruflich	Sie hat Probleme mit dem Beruf. Sie hat ... -e Probleme.	
kostenlos	Diese Beratung kostet nichts. sie ist ...	
einzeln	Jedes für sich alleine. Sie bekommen ein Buch über Klaviere, ein Buch über Gitarren, ein Buch über Flöten, also ... Bücher über Musikinstrumente.	
betrieblich	Wenn ein Lehrer in eine Firma kommt und mit den Mitarbeitern eine Fortbildung macht, ist das eine ... -e Weiterbildung.	

Abschnitt 3 Im Jobcenter

Hören 66 Präpositionen mit Dativ

aus	1. Er nimmt den Brief aus dem Schrank und geht aus dem Haus. Die Kinder kommen aus der Schule. 2. Er ist Asylbewerber und kommt aus Syrien. 3. Material (ohne Artikel): Dieser Schmuck ist aus Gold. Dieser Schrank ist aus Holz. 4. Verhalten (ohne Artikel): Aus Erfahrung wird man klug.	
von	1. Er kommt gerade vom Arbeitsamt. Sie springt vom Baum. Er kommt gerade von Hamburg. 2. Er ruft von der Schule aus an. Vom Bahnhof aus ist es nicht weit zum Arbeitsamt. 3. Er bekommt Geld vom Amt. Das ist ein Brief von meiner Mutter. Das ist ein Buch von Remarque.	
zu	1. Er geht zum Arzt, zum Sozialamt und zum Arbeitsamt, zur Post und zum Bahnhof, dann geht er in den Supermarkt, ins Möbelgeschäft und in die Bäckerei. 2. Er hat eine Stelle. Er geht zur Arbeit. 3. Am Sonntag hast du doch Geburtstag. Da komme ich zu dir.	
nach	1. Ich fahre nach Deutschland, nach Osnabrück. 2. Ich gehe nach Hause. Ich schreibe einen Brief nach Hause. Wann kommst du von der Arbeit nach Hause? Ich komme spät nach Hause. 3. Wir müssen nach der Bauvorschrift bauen.	
bei	1. Ich bin heute beim Arzt, beim Arbeitsamt, beim Sozialamt, bei der Post und beim Bahnhof, im Supermarkt und im Möbelgeschäft. Ich habe keine Zeit. ich bin bei der Arbeit. Heute Abend bin ich bei dir. Ich bleibe heute Nacht bei meiner Freundin. 2. Buxtehude liegt bei Hamburg. Fahren Sie beim Bahnhof rechts in die Bruchstraße. 3. Beim Kochen darf man ihn nicht stören. Beim Arbeiten hört sie gern etwas Musik.	
gegenüber	Gegenüber dem Bahnhof liegen zwei Reisebüros. Oder: Dem Bahnhof gegenüber liegen zwei Reisebüros.	
mit	1. Ich trinke meinen Kaffee mit Milch, aber ohne Zucker. Diese Wohnung ist mit Dusche aber ohne Badewanne. 2. Ich fahre nicht mit dem Auto in die Stadt. Ich fahre mit dem Bus. 3. Er schreibt mit der Hand und nicht mit der Schreibmaschine. Er macht die Prüfung mit Erfolg. 4. Verhalten (ohne Artikel!): Er baut mit viel Arbeit ein großes Haus.	

Hören 67		Verben
(in den Computer) eingeben, gibt ein	Daten in den Computer „schreiben":	
(sich) kümmern (um)	Vater und Mutter ... sich um ihre Kinder. Man muss sich selbst um Arbeit ...	
vermitteln, ich vermittle, du vermittelst, er vermittelt, wir vermitteln...	Ein Makler ... Wohnungssuchenden eine Wohnung und er ... Vermietern einen Mieter. Die Agentur für Arbeit ... Arbeitssuchenden Arbeit.	
berichten	Wer ohne viel Gefühl erzählt, der ...	
betreuen	Die Kita ... Kinder. - Der Arbeitsberater ... Arbeitssuchende.	
schwer fallen / leicht fallen	Manche Menschen lernen sehr schnell Deutsch. Die Sprache ... ihnen leicht. Andere Menschen lernen nur langsam Deutsch. Die Sprache ... ihnen schwer.	
behandeln, ich behandle...	1. Die Kindergärtnerin ist freundlich und nett zu den Kindern. Sie .... die Kinder gut. 2. Der Arzt macht den Kranken wieder gesund. Er ... den Kranken.	
gießen	Blumen brauchen Wasser. Man muss sie ...	
abrutschen, rutscht ab	1. Wenn es draußen nass und kalt ist und Eis auf der Straße liegt, dann kann man schnell ausrutschen. Den Berg hinunter kann man ... - Das Auto kann von der Straße ... 2. Man kann auch sozial ..., wenn man seine Arbeit, sein Geld, seine Wohnung verliert. Manche Menschen ... schnell ins Drogenmilieu... .	
organisieren	Der Sprachkurs .... ein schönes Fest.	
verdienen	1. Sie lernt sehr schnell Deutsch. Sie ... ein Lob für ihren Fleiß. 2. Wer arbeitet, ... Geld.	
retten	Das Kind fällt ins Wasser. Es kann nicht schwimmen. Ein Mann springt ins Wasser und .... es.	
aufbauen, baut auf	Wer neu in Deutschland ist, muss sich erst eine Existenz ...	
(sich) stören (an)	Wenn die Nachbarn laut sind, ... mich das.	
stimmen	Kommst du aus Afrika? - Ja, das ...	
verbessern	Wie kann ich mein Deutsch ...? - Mach doch einen Sprachkurs.	
respektieren	Fremde Menschen sollte man beachten, man sollte sie ...	
fordern	„Mach doch bitte schnell", ... er von ihm.	
begleiten	Ich gehe morgen zum Jobcenter. - Kommst du mit? = ... du mich?	
einschlafen, schläft ein	Wenn man viel Sport macht, kann man besser ...	
nachdenken (über)	Warum bist du still? Ich ... über mein Leben ...	
umgehen (mit)	Wenn man Berater ist, muss man gut mit Menschen ... können.	

Hören 68		Nomen
das Arbeitslosengeld	Wenn Sie mindestens ein Jahr in Deutschland gearbeitet haben, dann bekommen Sie ... I. Wenn Sie noch nicht oder zu wenig gearbeitet haben, dann bekommen Sie nur ein bisschen Geld zum Leben, die Existenzgrundlage. Das ist ... II.	
die Daten (Plural)	Informationen im Computer nennt man ...	
die Staatsangehörigkeit, -en	Wenn Sie einen deutschen Personalausweis haben, dann haben Sie die deutsche ...	
der Führerschein, e	Wenn Sie in Deutschland Auto fahren möchten, brauchen Sie einen ...	
die Einschränkung, -en	Der Führerschein Klasse 3 hat zwei ...-en. Sie dürfen nicht Motorrad und nicht LKW fahren.	
der Bildungsweg, -e	Der ... ist die Lebensgeschichte in Zahlen. Sie berichten in Stichworten kurz: Wann, wie lange und wo Sie in der Schule, wann, wie lange und wo Sie in Studium oder Ausbildung, wann, wie lange und wo Sie in Arbeit waren?	
das Beschäftigungsverhältnis, -nisse	Wenn Sie ein ... haben, haben Sie eine Arbeit oder eine Stelle.	
der Lebenslauf, -läufe	Wenn Sie sich schriftlich bewerben, dann schreiben Sie einen ... Im ... teilen Sie Ihren Bildungsweg und Ihre Beschäftigungsverhältnisse mit.	
das Muster, -	1. Ein ... ist ein typisches Beispiel. 2. Der Verkäufer zeigt mir verschiedene ... für mein neues Sofa.	
die Hilfe, -n	Er hat einen Unfall. Er braucht ... Er hat kein Geld. Er braucht ... vom Staat.	
der Einstand, -stände	Wer eine neue Stelle hat, der feiert meist einen ... mit den neuen Kolleginnen und Kollegen. Der neue Kollege bringt zum Beispiel Kuchen mit.	
der Kunde, -n	Ein Mann, der einkauft, ist im Geschäft ein ...	
die Kundin, -innen	Die Frau, die einkauft, ist die ...	
der Kontakt, -e	Ich weiß nicht, wie es ihm geht. Ich habe keinen...	
die Fließbandarbeit, -en	In Fabriken gibt es nicht mehr so oft ...	
das Gefängnis, -nisse	Ein Dieb muss ins ...	
die Droge, -n	... sind verbotene Mittel.	
der Leib (nur Singular) / der Körper „am Leib"	„Leib" ist das alte Wort für „Körper". Man benutzt es eigentlich fast nur noch mit der Präposition „am": Wir tragen Kleidung am ...	
das Milieu, -s	1. Das soziale Umfeld, die soziale Umgebung nennt man ... 2. Der Lebensraum von Pflanzen, Tieren, Bakterien. usw. (biologischer Fachbegriff) nennt man ... 3. Das Umfeld von Prostitution, Drogen, Kriminalität nennt man häufig ... - So sagt man zum Beispiel: Sie kommt aus dem ...	
die Montage, -n „auf Montage"	Die ... ist die Produktion einer Fabrik. „Auf ..." ist handwerkliche Arbeit nicht in der Fabrik, sondern unterwegs bei Kunden.	

das Leben, -	Er erzählt von seinem ... im Herkunftsland. Nun hat er ein neues ... in Deutschland.	
der Bau, der Tiefbau, der Hochbau (nur Singular)	Wer „auf dem Bau" arbeitet, der ist Arbeiter auf einer Baustelle. Es gibt Tiefbau, das ist Straßen- und Kanalbau. Es gibt Hochbau, das ist Häuserbau.	
das Callcenter, -	Ein ... ist ein Büro mit sehr vielen Telefonen. Die Arbeit ist: Man telefoniert den ganzen Tag mit Kunden. Es geht meistens um das Verkaufen oder um Reklamationen.	
der Traum, Träume	1. Wenn wir schlafen, dann haben wir oft ... 2. Wenn man sich etwas sehr wünscht, nennt man das auch einen ... oder einen Wunschtraum. Ein schlechter Traum ist ein Alptraum.	
das Projekt, -e	Ein Plan, den man organisiert und erarbeitet, ist ein ... - Auch eine Initiative kann man ... nennen, zum Beispiel Theaterprojekte oder Zirkusprojekte für Kinder.	
die Quote, -n	Mathematisch berechneter Anteil eines Ganzen. In manchen Betrieben muss die Frauen... 50% betragen.	
die Situation, -en	Der Mann hat kein Geld, keine Arbeit, keine Wohnung. Er ist in einer schlimmen	
die Leistung , -en	1. Wer im Zeugnis sehr gute Noten hat, hat gute ... 2. Eine Zahlung vom Staat, zum Beispiel Arbeitslosengeld, nennt man auch eine ... vom Staat.	
Sonderleistung	Wer extra Geld haben möchte, möchte eine ...	
der Fall, Fälle	Was tue ich, wenn ich kein Geld habe? - In diesem ... hole ich mir Beratung von der Schuldnerberatung.	
Hören 69		Andere Wörter
gesundheitlich	Sie ist krank. Es geht ihr ... schlecht.	
anonym	Wie heißt der Autor dieses Buches? Ich weiß es nicht. Er veröffentlicht es ...	
anstrengend	Wenn man von seiner Arbeit schnell sehr müde wird, dann ist die Arbeit ...	
belastend	Wenn man sich in seiner Arbeit sehr viele Sorgen machen muss, zum Beispiel um Menschen, dann ist die Arbeit ...	
schlecht / gut bezahlt	Wer viel Geld verdient, hat eine gut ...e Arbeit.	
langweilig	Wer immer das gleiche macht oder keine Arbeit hat, dem ist ...	
deprimiert	Wenn ich sehr traurig bin, dann bin ich ...	
deprimierend	Eine Situation ist	
schüchtern	Wer sehr still ist und keine Initiative ergreifen kann, ist ...	
kaputt	Wenn ein Laptop auf den Boden fällt, dann ist er ...	
irgendein	Ich brauche unbedingt eine Arbeit, egal welche. Ich brauche also ... -e Arbeit.	
selten	Gut bezahlte Jobs sind in manchen Branchen ...	
egal	Mich interessiert das nicht. Das ist mir ...	
frustrierend	Wenn ich einhundert Bewerbungen schreibe und niemand antwortet, dann ist das ...	
freundlich	Wenn der Arbeitsberater nett ist, dann ist er	

Abschnitt 4 Die schriftliche Bewerbung

Hören 70

Präpositionen für Zeitangaben mit Dativ

Datum, Feste und andere Anlässe immer mit Artikel / Uhrzeiten, christliche Feiertage ohne Artikel		
an	1. Am Abend ist er zu Hause. 2. Am Freitag fahren viele Pendler nach Hause. 3. Am Monatsanfang bekommt er immer seinen Lohn. 4. Wann sind Sie geboren? Ich bin am 22.09.1964 geboren.	
in	Sekunden, Minuten, Stunden, Wochen, Monate, Jahreszeiten, Jahre, Jahrhunderte mit „in“: 1. Warte bitte auf mich. Ich komme in fünf Minuten. 2. In einer Stunde bin ich bei dir. 3. Im Mai ist das Wetter schön. 4. Im Jahre 1945 war der zweite Weltkrieg zu Ende. 5. Im 18. Jahrhundert herrscht die Epoche der Aufklärung. Ausnahmen: 1. Jahreszahlen schreibt man ohne Präposition: Beispiel: Ich bin 1964 geboren. Der Krieg endet 1945. 2. Tageszeiten: Am Tag, am Morgen, am Mittag am Abend (s.o) und Datum: Er ist am 24.05.1956 geboren.	
vor	Datum, Feste und andere Anlässe: Vor dem 10. April gibt es keine Blumen in meinem Garten. Vor der Reise geht er noch einkaufen. Ohne Artikel: Uhrzeiten, christliche Feiertage Bei Uhrzeiten: Der Zug fährt vor acht Uhr. Bei christliche Feiertagen: Vor Weihnachten, vor Ostern, aber: vor dem Ramadan, vor dem Tag der deutschen Einheit. Bei Wochentagen: Vor Freitag bekommst du keinen Anruf.	
nach	Datum, Feste und andere Anlässe: Nach dem fünfzehnten Juni haben wir keine Zeit mehr. Nach dem Ramadan dürfen wir wieder tagsüber essen u. trinken. Nach ihrer Geburt gibt es ein tolles Fest. Nach seinem Tod feiert man diesen Künstler erst. Ohne Artikel: Uhrzeiten, christliche Feiertage, : Nach Weihnachten tauschen viele Menschen Geschenke um. Nach acht Uhr erwarte ich deinen Anruf. Es ist viertel nach acht.	
seit	Datum, Feste und andere Anlässe: 1. Es ist seit dem 15. Juli sehr warm in Deutschland. 2. Seit seiner Hochzeit ist er ein anderer Mensch. 3. Seit der Geburt seiner Tochter geht er nicht mehr ins Kino. Ohne Artikel: Uhrzeiten, christliche Feiertage: Seit Dienstag ist er wieder gesund. Seit Anfang September geht er zur Schule. Seit Weihnachten besucht er sie jede Woche. Seit heute Morgen bin ich krank.	

zu	Datum, Feste und andere Anlässe: Ich gratuliere dir zum Geburtstag. Ohne Artikel Uhrzeiten, christliche Feiertage Zu Pfingsten fahren wir an das Meer.	
von	Datum, Feste und andere Anlässe: Dieser Park ist vom 31. Oktober bis 30. März geschlossen. Ohne Artikel: Uhrzeiten, christliche Feiertage, : Das Geschäft ist von 8.00 Uhr bis 20.00 Uhr geöffnet.	
ab	Datum, Feste und andere Anlässe: Ab dem ersten Juni ist er in Urlaub. Ohne Artikel: Uhrzeiten, christliche Feiertage : Ab morgen geht er in die Schule. Ab Montag bin ich zu Hause.	
zwischen	Datum, Feste und andere Anlässe: Zwischen dem 27. Mai und dem 31. November hat er eine Zeitar-beitsstelle. Ohne Artikel: Uhrzeiten, christliche Feiertage: Zwischen ein und zwei Uhr schläft er gerne mittags. Zwischen Weihnachten und Neujahr nehmen viele Urlaub.	
bis zu	Ich bleibe bis zum 3. Januar in Hannover.	
bis vor	Bis vor einem Jahr war er noch in Syrien.	
bis nach	Warte doch bis nach dem Essen!	
mit	Mit achtzehn Jahren macht er den Führerschein.	

Präpositionen für Zeitangaben mit Akkusativ

gegen	Wann kommt er denn? Um 8.00 Uhrr? - Ja, so ungefähr. Er kom-mt nicht genau um acht, er kommt gegen acht Uhr.	
um	Er kommt um halb sieben.	
bis	Ich warte bis September. Ich warte bis nächsten Montag.	
für	Ich komme für zwei Tage zu dir.	
auf	1. Von Samstag auf Sonntag haben wir Gäste. 2. Dieses Jahr fällt der erste Weihnachtstag auf einen Samstag. 3. Bitte kommen Sie doch auf ein paar Minuten herein! = Bitte kommen Sie doch für ein paar Minuten herein!	
über	1. Er kommt über das Wochenende zu uns. 2. Den Kuchen muss man über Nacht stehen lassen. 3. Jetzt ist sie schon über ein Jahr in Deutschland.	

Hören 71		Verben
(sich) befinden	Wo ... sich die Stellenanzeigen einer Zeitung. Sie ... sich meistens in der Mitte der Zeitung.	
einstellen	Die Firma möchte zwei neue Mitarbeiter ...	
(sich) eignen	Frau Hoffmann ... sich für diese Stelle im Büro.	
erstellen	Sie ... einen Lebenslauf.	
(sich) einarbeiten, arbeitet (sich) ein	Sie ... sich sehr schnell in die neue Stelle ...	

Hören 72		Nomen
die Blindbewerbung, -en die Spontanbewerbung, -en	Wenn Sie sich für eine Stelle bewerben, aber kein Stellenangebot dieser Firma haben, machen Sie eine ...	
die Kammer, -n	Die ...-n vertreten in Deutschland bestimmte Betriebe oder Berufsgruppen.	
der Standard, -s	die Norm = der ...	
die Anlage	Wenn wir Dokumente, Papiere, Kopien und anderes mitschicken, dann sind das die ... des Briefes.	
die Übersetzung	Von einer Sprache in eine andere Sprache setzen: ...	

Index

billig (2.5)
Birne (2.1)
bis (5.2)
bis (zeitlich) (5.4)
bis nach (zeitlich) (5.4)
bis zu (zeitlich) (5.4)
bisherig (4.3)
bisschen (ein bisschen) (1.1)
bitte (1.1)
bleiben (4.2)
Blindbewerbung (5.4)
Blumenkohl (2.1)
Bluse (4.3)
Bohne (2.1)
Bonbons (2.1)
Branche (5.2)
Brathähnchen (2.4)
Bratkartoffel (2.4)
brauchen (2.1)
brav (3.3.)
brechen (3.1)
Brief (2.3)
Briefmarke (1.3)
Briefpapier (4.4)
Briefumschlag (4.4)
bringen (1.1)
Broschüre (3.4)
Brot (2.1)
Brötchen (2.1)
Brücke (5.1)
Bruder (1.1)
Buch (1.1)
buchen (4.4)
Bücherei / Stadtbücherei (5.1)
Buchstabe (1.2)
buchstabieren (1.2)
bügeln (2.3)
Bundesland (1.4)
Bushaltestelle (5.1)
Café (3.1)
Callcenter (5.3)
Chance (5.2)
Chat (1.3)
Chiffre (4.1)
Computer (1.3)
da sein (4.2)
Dachgeschoss (4.1)
Dame (1.3)
danke (1.1)
danke ebenfalls (1.1)
dann (2.1)
Daten (5.3)
Datenbank (5.2)
Datum (4.3)
Dauerauftrag (2.5)
dauern (3.1)
dazulernen (5.2)
decken (3.1)
denn (2.1)
deprimierend (5.3)
deprimiert (5.3)
derselbe, dieselbe, dasselbe (3.1)
deshalb (4.2)
Dessert (2.4)
dick (2.3)
Diebstahl (3.4)
dieser, diese, dieses (3.4)
diskriminieren (4.1)
doch (2.1)
Dom (5.1)
Dorf (1.3)
Dorn (3.1)
dort (4.1)
Dose (2.1)
draußen (3.1)
drei (1.3)
dringend (4.1)
Droge (5.3)
drücken (2.2)
du (1.1)
durch (5.2)
durcheinander (4.3)
durchfragen (sich) (5.1)
Durchsage (1.3)
dürfen (2.1/4.1)
e-Mail (1.3)
eben (3.1)
egal (5.3)
Ehepaar (4.2)
Ei (2.1)
eigener, eigene, eigenes (3.4)
eignen (sich) (5.4)
Eignungstest (5.2)
einarbeiten (sich) (5.4)
einfach (5.1)
Eingabemaske (4.1)
Eingang (4.2)
Eingangstüre (4.2)
eingeben (2.2)
eingeben (Daten) (5.3)
eingießen (3.1)
einige (1.3)
einkaufen (2.2)
Einkaufswagen (2.2)
Einkaufszettel (2.1)
einladen (2.1)
einlegen (Gang) (3.2.)
einpacken (4.3)
einrichten (2.5)
eins (1.3)
einscannen (5.2)
einschlafen (5.3)
Einschränkung (5.3)
Einstand (5.3)
einstellen (5.4)
einverstanden (2.1)
einweihen (4.4)
Einweihung (2.1)
einwickeln (4.3)
einzahlen (2.5)
einzeln (5.2)
einziehen (4.2)
Einzugstermin (4.1)
Eis (1.1)
Eis gemischt (2.4)
Elektrogeschäft (2.5)
Elternzeit (5.1)
Empfänger (2.5)
empfehlen (2.4)
Ende (1.2)
endlich (4.3)
entfernen (4.2)
entlang (5.2)
entschuldigen (1.3)
Entwicklung (5.2)
er (1.1)
Erbse (2.1)
Erdbeerbecher (2.4)
Erdbeere (2.1)
Erdgeschoss (4.1)
erfahren (5.2)
Erfolg (5.2)
ergänzen (2.2)
erhalten (5.1)
erinnern (sich) (3.3.)
erklären (3.4)
erlernen (5.2)
eröffnen (2.5)
erreichbar (4.1)
erschrecken (3.1)
ersetzen (4.2)
erst (1.1)
Erstaufnahmelager (1.1)
Erstbezug (4.1)
Erste (2.5)
erstellen (5.4)
erzählen (3.1)
es (1.1)
es gibt (2.1)
Essen (1.1)
essen (2.1)
essen (zu Mittag / zu Abend) (3.1)
Essig (2.1)
Esstisch (4.3)
Euroschein (2.2)
Fachkraft (5.2)
Fahranfänger (3.4)
fahren (2.3)
Fahrrad (3.4)
Fall (5.3)
fallen (3.1)
fallen (schwer/leicht) (5.3)
falsch (2.2)
Familienangehöriger (4.3)
feiern (2.1)
Feierabend (einen schönen)(2.2)
Ferien (5.1)
fertig (3.1)
Fest (2.1)
Feuerzeug (4.4)
Finanzamt (5.1)
finden (1.3)
Finger (3.1)
Firma (5.1)
Fischplatte (2.4)
Fladenbrot (2.1)
Flasche (2.1)
Fleisch (2.1)
Fließbandarbeit (5.3)

Joghurt (2.1)
Jugendherberge (5.1)
jung (4.2)
Kaffee (2.1)
Kakao (2.1)
kalkhaltig (4.2)
kalt (4.1)
Kaltmiete (4.1)
Kammer (5.4)
kaputt (3.1)
kaputt (5.3)
kaputtgehen (3.1)
Karotte (2.1)
Kartoffel (2.1)
Karton (4.3)
Käse (2.1)
Kasse (2.2)
Kassierer (2.2)
Kassiererin (2.2)
kaufen (2.1)
kaum (5.1)
Kaution (4.1)
kein, keine, keines (2.1)
Keller (4.1)
Kellner (2.4)
Kellnerin (2.4)
kennen (3.1)
Kerze (4.4)
Ketchup (2.1)
KFZ-Zulassungsstelle (5.1)
Kilo (2.1)
Kind (1.1)
Kindergarten (1.1)
Kinderhochstuhl (4.4)
Kinderstuhl (4.4)
Kinderwagen (4.4)
Kinderzimmer (4.1)
Kino (2.3)
Kino (2.3)
Kino (5.1)
Kirche (4.3)
Kirche (5.1)
Kirsche (2.1)
Kiste (2.1)
Kita (Kindertagesstätte) (5.1)
Klavier (3.3.)
Klavier (4.4)
kleben (2.2)
Kleid (4.3)
Kleiderschrank (4.3)
Kleidung (4.3)
klein (1.3)
klein (5.1)
klettern (3.1)
Klingel (4.2)
klingeln (4.2)
klingen (2.1)
Knoblauch (2.1)
kochen (2.1)
kochen (2.3)
komfortabel (4.1)
kommen (1.1)
können (4.1)
Konsonant (1.2)
Kontakt (5.3)
Konto (2.5)
Kontonummer (2.5)
Konzert (2.3)
Kopf (3.1)
Korb (3.1)
Korrektur (2.2)
kosten (1.2)
kostenlos (3.4)
Kostüm (4.3)
Kraftfahrzeugversicherung (3.4)
krank (5.1)
Krankenhaus (5.1)
Krankenhaus(3.3.)
Krankenkasse (3.4)
Kreditinstitut (2.5)
Krokette (2.4)
Küche (1.2)
Kuchen (2.3)
Kühltasche (3.1)
Kulturamt (5.1)
kümmern (sich...um) (5.3)
Kunde (5.3)
kündigen (2.5)
Kündigungsfrist (3.4)
Kündigungstermin (3.4)
Kundin (5.3)
kurz (3.2.)
kurzfristig (5.1)
lachen (3.1)
laden (4.3)
Lage (4.1)
Laib Brot (2.1)
Laminat (4.1)
Lamm (2.1)
Land (auf dem Land) (3.1)
Landschaft (4.1)
lange (2.2)
langweilig (5.3)
Laptop (1.3)
Lärm (4.2)
lassen (3.1)
laufen (3.1)
Laufzeit (3.4)
laut (3.1)
laut (5.1)
lauten (1.3)
lauwarm (3.1)
Leben (5.3)
Lebenslauf (5.3)
ledig (1.1)
legen (2.2)
Lehrer (1.1)
Lehrerin (1.1)
Leib (am Leib) (5.3)
Leiden (1.2)
leider (2.5)
Leistung (5.3)
lernen (1.1)
lesen (1.1)
Leute (1.2)
Liebe (1.2)
lieben (1.2)
lieber (2.3)
Lieblings- (1.1)
Lieblingsbuch (5.1)
liegen (1.4)
lins (4.1)
Linse (2.1)
Literaturliste (5.2)
Löffel
Loggia (4.1)
lohnen (sich) (3.4)
losfahren (3.1)
loslassen (3.2.)
Lust (2.3)
machen (1.1)
macht nichts (4.2)
Mädchen (1.2)
Majonaise (2.1)
Makler (4.1)
Maklerin (4.1)
man (4.1)
manchmal (3.1)
Mann (1.1)
Mappe (5.2)
Marktübersicht (3.4)
Maus (1.2)
Meer (1.4)
Mehl (2.1)
mein (1.1)
meinen (3.1)
meistens (3.4)
meistens (5.1)
Meldebescheinigung (4.3)
melden (sich) (4.1)
Melone (2.1)
Messe (5.2)
Messer (4.3)
Miete (2.5)
Mieter (4.1)
Mieterin (4.1)
Mietshaus (3.4)
Mietvertrag (4.2)
Mietwagen (3.4)
Milch (2.1)
Milieu (5.3)
Mineralwasser (2.1)
Minuten (vor/nach) (3.3.)
mit (5.3)
mit (zeitlich) (5.4)
mitbringen (2.1)
miteinander (3.1)
mitgehen (2.3)
mitnehmen (2.2)
mitspielen (3.1)
Mittag (2.3)
mittags (3.1)
mitzählen (4.1)
Möbel (4.2)
Möbel (4.3)
möchten (1.2)

Schokolade (2.1)
Schollenfilet (2.4)
schon (1.1)
schön (1.2)
schrauben (4.3)
schreiben (2.1)
schreien (3.1)
schüchtern (5.3)
Schuh (4.4)
Schuld (3.4)
Schule (1.1)
Schüssel (4.3)
Schwangerschaft (5.1)
Schwein (2.1)
Schweinebraten (2.4)
Schweinesteak (2.4)
schwer (5.1)
Schwester (1.1)
schwimmen (2.3)
sechs (1.3)
See (1.4)
sehen (1.1)
sehr (1.1)
sein (1.1)
seit (zeitlich) (5.4)
Sekt (2.1)
selbst (2.1)
Selbstbeteiligung (3.4)
selbstverständlich (4.2)
selten (5.3)
Seminar (5.2)
Semmelknödel (2.4)
seriös (3.4)
Service (5.2)
Sessel (4.3)
sie (1.1)
Sie (1.1)
sieben (1.3)
Silbe (1.2)
silbern (4.4)
sinken (3.4)
Situation (5.3)
sitzen (1.2)
Smartphone (1.3)
Smartphone-App (1.1)
SMS (1.3)
Sofa (4.3)
sofort (4.1)
sogar (4.1)
Sohn (1.1)
sollen (4.1)
Sonderangebot (2.2)
Sonderleistung (5.3)
Sonne (3.1)
Sonntag (2.3)
sortieren (4.3)
Soße (2.1)
sowieso (4.2)
sparen (4.1)
spät (1.2)
später (4.1)
spazieren gehen (2.3)
Speise (2.1)
Speisekarte (2.4)
Spezialität (2.1)
spielen (1.3)
Spielplatz (4.2)
Spielregel (3.1)
Spontanbewerbung (5.4)
Sport (3.3.)
Sprachkurs (1.1)
Sprechanlage (4.2)
sprechen (1.1)
Spüle (4.2)
Staatsangehörigkeit (4.3)
Staatsangehörigkeit (5.3)
Stadt (1.3)
Stadtbus (4.1)
Stadtrand (4.1)
Stadtverwaltung (5.1)
Stadtwerke (5.1)
Stadtzentrum (5.1)
Standard (5.4)
stapeln (4.3)
Steak (2.4)
stechen (3.1)
Steckling (3.1)
stehen (1.2)
stehlen (3.1)
steigen (3.1)
Stelle (5.1)
Stelle (5.2)
stellen (1.2)
Stellenangebot (5.2)
Stellplatz (4.1)
sterben (3.1)
stimmen (5.3)
stimmt (1.1)
stören (sich...an) (5.3)
Straße (1.1)
Straßenschild (5.1)
stricken (3.1)
Stück (3.1)
Student (5.1)
Studentin (5.1)
Studium (5.2)
Stunde (3.1)
stundenlang (3.1)
suchen (1.3)
Suchmaschine (4.1)
Süden (1.2)
Supermarkt (2.2)
Suppe (1.1)
Süßigkeit (2.1)
Synagoge (5.1)
Tabelle (3.4)
Tafel (5.1)
Tagesmutter (1.1)
Tageszeitung (4.1)
Tankstelle (4.1)
tanzen (4.4)
Tanzkleid (4.4)
Tarif (3.4)
Tasche (2.1)
Tasse (4.3)
Taste (2.2)
Tätigkeit (5.1)
Technik (5.2)
Tee (2.1)
Telefon (1.3)
Telefongespräch (3.4)
telefonieren (1.3)
Telefonnummer (1.3)
Teller (4.3)
Teppich (4.1)
Teppichboden (4.1)
Terrasse (4.1)
testen (5.2)
teuer (1.1)
Theater (2.3)
Theke (5.2)
Thermoskanne (3.1)
Thunfisch (2.4)
Tiefgarage (4.1)
Tischtuch (3.1)
Toast (2.4)
Tochter (1.1)
Toilette (4.2)
Tomate (2.1)
Tomatenmark (2.1)
Topf (4.3)
tragen (3.1)
Traum (5.3)
Traumwohnung (4.1)
traurig (4.1)
treffen (2.3)
Trick (5.2)
trinken (2.1)
Tropfpflanze (4.4)
tschüß (1.1)
Tube (2.1)
Türöffner (4.2)
tut mir leid (4.1)
Tüte (2.2)
Twitter (1.3)
über (5.1)
über (zeitlich) (5.4)
Übergabeprotokoll (4.2)
überreichen (4.4)
Übersetzung (5.4)
Übertopf (4.4)
überweisen (2.5)
Überweisung (2.5)
Überweisungsformular (2.5)
überzeugen (jemanden) (5.2)
Uhr (3.3.)
Uhr (um 10 Uhr) (3.3.)
Uhr (viertel nach) (3.3.)
Uhr (viertel vor) (3.3.)
um (5.2)
um (zeitlich)(5.4)
Umgebung (4.1)
umgehen (mit) (5.3)
ummelden (3.2.)
umschulen (5.2)
Umschulung (5.2)

umziehen (4.2)
und (1.1)
Unfall (3.4)
unfallfrei (3.4)
Unfallgegner (3.4)
ungefähr (4.1)
Universität (5.1)
unten (4.2)
unter (5.1)
unterhalten (sich) (3.1)
Unterschied (3.4)
unterschiedlich (4.1)
unterschreiben (2.5)
Unterschrift (2.5)
Urinstein (4.2)
Ursache (keine) (5.1)
Vater (1.1)
verabschieden (sich) (4.2)
veralten (5.2)
verbessern (5.2)
verbessern (5.3)
Verbraucherzentrale (3.4)
verderben (3.1)
verdienen (5.3)
Verdienst (5.2)
Verdienstmöglichkeit (5.2)
Verein (3.3.)
vereinbaren (5.1)
verfolgen (5.1)
vergessen (3.1)
verheiratet (1.1)
Verkäufer (2.2)
Verkäuferin (2.2)
verlegen (4.1)
Verletzung (3.4)
Vermieter (2.5)
Vermieterin (2.5)
vermitteln (5.3)
Verpackung (3.1)
verschenken (4.3)
verschieden (3.4)
verschließen (2.2)
versichern (3.4)
Versicherung (3.4)
Versicherungen (3.4)
verstehen (1.1)
versuchen (2.2)
verteilen (3.1)
Vertrag (3.2.)
vertreten (5.1)
Vertretung (5.1)
Verwaltung (5.2)
Verwendungszweck (2.5)
verwitwet (1.1)
viel (1.1)
vielen Dank (1.1)
vielleicht (3.2.)
vier (1.3)
viertel (3.1)
Visitenkarte (4.2)
Vokal (1.2)
voll (2.2)
von (5.3)
von (zeitlich) (5.4)
vor (5.1)
vor (zeitlich) (5.4)
vorbeigehen (5.1)
vorbeikommen (4.1)
vorbereiten (3.1)
vorher (4.3)
vorlesen (3.1)
vormittags (3.1)
Vorname (1.1)
vorne (5.1)
Vorschrift (5.2)
vorsichtig (3.1)
Vorspeise (2.4)
vorstellen (sich) (1.1)
Vorstellungsgespräch (5.2)
Vortrag (5.2)
Waage (2.2)
wählen (4.1)
wandern (3.1)
wann? (2.5)
Ware (2.2)
warm (4.1)
Warmmiete (4.1)
warten (2.2)
Warum? (5.1)
was (1.1)
Was ist los? (3.1)
Wäsche (2.3)
waschen (2.3)
Waschmaschine (2.5)
Wasserhahn (4.2)
wechseln (2.5)
wecken (3.3.)
weg (4.1)
Weg (5.1)
wegen (4.1)
Wein (2.1)
Weintraube (2.1)
Weißwein (2.1)
weit (5.1)
Weiterbildung (5.2)
weitergehen (5.1)
weiterschicken (4.1)
welcher, welche, welches (1.4)
wenig (ein wenig) (1.1)
wenn (3.4)
wer (1.1)
werben (3.1)
Werbung (3.1)
werden (4.2)
Werkzeug (4.4)
wichtig (2.5)
wie (1.1)
Wie geht's? (1.1)
Wie lange? (5.1)
wiederholen (2.2)
wieviel? (2.5)
wir (1.1)
wirklich (3.2.)
wissen (3.3.)
wo (1.1)
Wo? (5.1)
Woche (2.1)
Wochenende (2.1)
woher (1.1)
Wohin? (5.1)
wohnen (1.1)
Wohngegend (4.2)
Wohnsitz (4.3)
Wohnung (3.1)
Wohnungsbörse (4.1)
Wohnungseinweihung (4.4)
Wohnungssuche (4.1)
Wohnzimmer (3.1)
Wohnzimmerschrank (4.3)
wollen (4.1)
Workshop (5.2)
Wort (1.2)
Wozu? (5.1)
wünschen (1.1)
zahlen (2.1)
zeigen (4.2)
Zeit (2.1)
Zeit (zur Zeit) (4.2)
Zeitarbeit (5.1)
Zeitschrift (3.4)
zentral (4.1)
Zettel (2.2)
Zeugnis (5.2)
ziemlich (3.2.)
Zigarette (4.4)
Zigarre (4.4)
Zimmerpflanze (4.4)
Zitrone (2.1)
zu (5.3)
zu (zeitlich) (5.4)
zu Fuß (5.1)
zu Hause (2.1)
zu hoch (4.3)
Zucker (2.1)
zuerst (4.1)
zufrieden (3.2.)
zulassen (3.2.)
zunächst (5.1)
Zündholz (4.4)
zurückfahren (4.3)
zurückgehen (3.1)
zusammen (2.1)
zusammenlegen (4.3)
zusätzlich (5.1)
zuschlagen (3.1)
Zuschuss (4.3)
zuzüglich (4.1)
zwei (1.3)
Zweitwohnung (4.3)
Zwetschge (2.1)
Zwiebel (2.1)
Zwiebelrostbraten (2.4)
zwischen (5.1)
zwischen (zeitlich) (5.4)